AF382480

Impressum:
© 2020 Wolfgang Stangier

Umschlaggestaltung: Spotsrock
Lektorat & Satz:
Angelika Fleckenstein
Spotsrock

ISBN
978-3-347-15076-8 (Paperback)
978-3-347-15077-5 (Hardcover)
978-3-347-15078-2 (e-Book)

Verlag und Druck:
Tredition GmbH
Halenreie 40–44
22359 Hamburg

Das Werk, einschließlich seiner Teile, ist urheberrechtlich geschützt. Jede Verwertung ist ohne Zustimmung des Verlages und des Autors unzulässig. Dies gilt insbesondere für die elektronische oder sonstige Vervielfältigung, Übersetzung, Verbreitung und öffentliche Zugänglichmachung.
Bibliografische Information der Deutschen Nationalbibliothek:
Die Deutsche Nationalbibliothek verzeichnet diese Publikation in der Deutschen Nationalbibliografie; detaillierte bibliografische Daten sind im Internet über http://dnb.d-nb.de abrufbar.

Wolfgang Stangier

Besser leben
mit klassischer Musik

Eine Auswahl der schönsten
klassischen Musikstücke

Für meine Mutter

Die Musik schließt dem Menschen

ein unbekanntes Reich auf ...

(E.T.A. Hoffmann)

Inhaltsverzeichnis

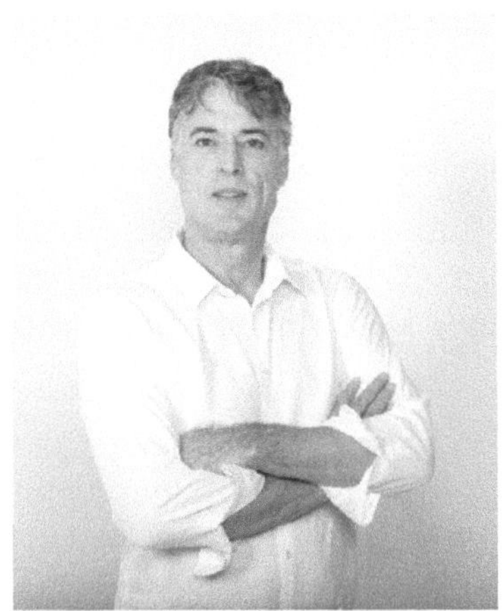

Autor Wolfgang Stangier © 2020

Wie die wunderbare klassische Musik mich gefangen nahm:

Ich kann mich noch genau daran erinnern, ich war etwa 11 oder 12 Jahre alt gewesen, hatte seit knapp einem Jahr Klavierunterricht bei einem Lehrer, der auch am Gymnasium unterrichtete. Ich hatte das übliche Programm eines Anfängers absolviert: Fingerübungen und Etüden von Czerny, kleinere Stücke, nichts Aufregendes. In erster Linie motivierte mich, dass mein älterer Bruder auch Klavierstunden erhielt und ich natürlich keinesfalls hinter ihm zurückstehen wollte.

Und dann geschah das Wunder: Am Ende einer Stunde, die nachmittags in der Aula stattfand, schlug mir der Klavierlehrer vor, mal etwas von Chopin einzuüben. Ich hatte damals – es war Anfang der 70er Jahre, noch weit vor dem Zeitalter von Walkman, CD-Player, geschweige denn Spotify oder Apple Music – keine rechte Vorstellung, was mich erwartete. Und dann spielte er mir das Prélude Nr. 4 in e-moll von Chopin vor … Das war genau der Moment, in dem ich spürte, dass sich etwas ereignet hatte, was mich seitdem mein ganzes Leben begleitet: Das wunderbare Reich der klassischen Musik hatte sich für mich geöffnet!

1. Vorwort

„Warum willst du denn ausgerechnet ein Buch über klassische Musik schreiben?", haben mich Freunde gefragt. „Gibt es doch bestimmt schon genug. Und außerdem: Für klassische Musik interessieren sich doch kaum noch Leute ..."

Ja, stimmt eigentlich, was genau hat mich denn dazu ermuntert, ein Buch über klassische Musik zu schreiben? Nun ja: Weil ich fest daran glaube, dass viel mehr Menschen in diese wunderbare Welt eintauchen und davon profitieren könnten, wenn sie nur einen einfachen Zugang dazu bekommen, einen Anstoß, einen Impuls ...

Ich hatte das Glück, als Kind Klavierunterricht zu bekommen – und seitdem beschäftige ich mich mit klassischer Musik, spiele immer noch leidenschaftlich gerne Klavier, und es vergeht kaum ein Tag, an dem ich nicht klassische Musik höre. Zugegeben: Ich höre auch gerne andere Musik, Jazz oder Pop. Aber keine andere Musik entwickelt diese gleichsam magische Wirkung. Wenn ich länger keine klassische Musik gehört habe, spüre ich quasi Entzugserscheinungen ...

Aber warum interessieren sich nur vergleichsweise wenige Menschen für klassische Musik? Vielleicht, weil diese Musik aus einer anderen, einer längst vergangenen Zeit stammt und damit für viele alt und muffig wirkt, wie alte Teppiche oder Sessel, die von Oma noch im Keller stehen? Weil man sie für nicht mehr zeitgemäß hält?

Der Zugang zu klassischer Musik ist für viele schwierig, weil sie glauben, ohne eine entsprechende Bildung oder Ausbildung keinen richtigen Zugang dazu finden zu können. Außerdem wird klassische Musik in Konzerten immer noch oft so dargeboten, dass viele vor allem jüngere Menschen die Lust daran verlieren. Wer aus der jüngeren Generation will sich schon in Schale werfen, in der stickigen Luft eines Konzertsaals zwei Stunden ausharren, der Darbietung der Künstler lauschen (und ständig noch Angst haben, dass er an der falschen Stelle anfängt zu klatschen ...).

Daniel Hope hat in seinem wunderbaren Buch „Wann darf ich klatschen" beschrieben, dass er Zweifel hat, ob es in zwanzig Jahren noch klassische Konzerte in der heutigen Form geben wird, wenn es nicht gelingt, die jüngeren Generationen mit neuen und zeitgemäßen Formaten zu begeistern. Schade, wenn die alten Formate und Rituale des klassischen Konzertbetriebs die jüngere Generation davon abhalten, den schier unermesslichen Reichtum zu entdecken, der uns mit der klassischen Musik in den letzten Jahrhunderten vermacht worden ist.

Die meisten Kontakte mit klassischer Musik stammen heutzutage – wen wundert's – aus der Werbung und aus Filmen. Soweit ich es recherchieren konnte, habe ich auch stets versucht, solche Bezüge mit in die Beschreibungen aufzunehmen. Viele sagen, wenn sie eines der Stücke hören: „Kenne ich irgendwoher", und dann kann man fast sicher sein, dass es in Film und Fernsehen als Hintergrundmusik eingespielt wurde. Bei dem wunderbaren langsamen Satz aus dem Klarinettenkonzert von Mozart sagte mal jemand, er kenne das Stück: das sei eindeutig die Filmmusik von „Jenseits von Afrika" …

Dieses Buch ist kein Ratgeber für klassische Musik, auch keine Enzyklopädie und schon gar kein Lehrbuch. Es ist eine persönliche Sammlung von Musikstücken, die sich in meinen Lieblings-Playlists finden und mich schon mein ganzes Leben hindurch treu begleitet haben. In den verschiedenen Kategorien, wie Klaviermusik, Kammermusik, Musik für Soloinstrumente und Orchester, Opernarien usw. stelle ich jeweils meine Top Ten vor. Dazu erzähle ich ein wenig über die Entstehung, über die Komponisten, warum diese Stücke mein Herz berühren, mich immer wieder – auch nach dem hundertsten Hören – begeistern, Gänsehaut erzeugen oder einfach nur dazu beitragen, dass ich mich besser fühle. Natürlich wird es Leser (bzw. Hörer) und vor allem Kenner der klassischen Musik geben, die ganz andere Stücke in die Bestenliste eintragen würden. Aber ich hoffe, dass auch diejenigen, die sich schon in der klassischen Musik auskennen, vielleicht die eine oder andere Anregung bzw. ein neues, noch unbekanntes Musikstück in dieser Sammlung finden.

Ich bin sicher, dass klassische Musik eine Bereicherung für noch sehr viel mehr Menschen darstellen kann – wenn man etwas Neugier mitbringt und einige Stunden investiert, um in dieser Auswahl zu stöbern. In Zeiten von Youtube , spotify, Apple Music, Deezer und dergleichen dürfte es keine Mühe machen, gute Aufnahmen dieser Stücke zu finden. Vielleicht gibt dieses Buch ja eine Anregung zu der einen oder anderen neuen Playlist. Vielleicht gelingt es mir auch, die vorgestellten Musikstücke in diesen Medien als Playlisten frei zugänglich zu machen.

Es gibt aber noch einen weiteren Grund, warum ich dieses Buch veröffentliche. Ungezählte Buchläden sind voll von Ratgebern, die das verborgene Potential von richtiger Ernährung, Meditation, Selbsterkenntnis anpreisen bzw. den Weg zu einem besseren Leben beschreiben. Mich wundert immer wieder, dass die riesige Kraft, die in der Musik – und in der Beschäftigung mit Musik – liegt, noch immer darauf wartet, einem größeren Kreis erschlossen zu werden und als das wahrgenommen zu werden, was es ist: eine wunderbare Bereicherung für das gesamte Leben, ein Weg zu mehr Ausgeglichenheit und innerer Ruhe. Im Kapitel „Musik und Entspannung" werde ich ein Beispiel vorstellen, was ich unter der Verbindung von klassischer Musik und Entspannung verstehe. Jeder, der z. B. den 3. Satz der 3. Klaviersonate in h-moll von Chopin – eines meiner Lieblingsstücke – einmal gehört hat, wird verstehen, warum Musik hören auch eine Form der Meditation sein kann …

Schon lange ist bekannt, dass Musik darüber hinaus auch heilende Wirkung hat; vor allem bei neurologischen Krankheiten – nach einem Schlaganfall, bei Parkinson oder Alzheimer. Menschen in Altersheimen litten, wie in verschiedenen Studien nachgewiesen wurde, weitaus geringer an Depressionen, wenn man ihnen täglich ihre Lieblingsmusik vorspielte.

Auch nicht gerade neu ist die Erkenntnis, dass Musik im Allgemeinen und klassische Musik im Besonderen sich positiv bei Schwangeren auswirkt. Durch Musik können schon bei Ungeborenen wichtige Nervenverbindungen geknüpft werden, die sich beispielsweise positiv auf die Sprachentwicklung auswirken.

Im Kapitel „Die heilende Wirkung von Musik" wird dieser Aspekt näher beleuchtet.

Die Stücke, die in diesem Buch vorgestellt werden, sind fast durchgehend ruhiger oder sogar meditativer Natur. Oder anders ausgedrückt: Es handelt sich um Musikstücke, deren Grundstimmung nahe an der Stille ist. Das mag jetzt vielleicht etwas prosaisch klingen, aber ich hoffe, jeder versteht was ich damit meine. Mit dem Titel des Buchs „Musik kommt aus der Stille" vom Pianisten Andras Schiff wird es sehr schön ausgedrückt.

Natürlich gibt es noch viel mehr großartige klassische Musik, die aber teilweise so komplex, dramatisch oder wuchtig ist, dass sie das vorgenannte Auswahlkriterium nicht erfüllt. Die späten Beethovensonaten sind z. B. monumentale Werke der Musik, aber erschließen sich nicht für jeden Zuhörer auf Anhieb oder werden vielleicht als zu anspruchsvoll empfunden. Das hat nichts damit zu tun, dass diese Musik nicht schön ist oder nicht auf den Zuhörer wirken kann, aber der Schwerpunkt soll in diesem Buch einfach auf Stücken mit einem überwiegend ruhigen Charakter liegen. Die Playlisten sollen somit geeignet sein, z. B. auf dem Weg zur Arbeit (im Auto oder in der Bahn) gehört zu werden. Ich kann mir jedenfalls kaum vorstellen, dass sich jemand im Auto – na, sagen wir mal – die zweite Symphonie von Rachmaninoff anhört. Kann ja sein, aber mir wäre es schlicht und einfach zu anstrengend …

Das soll um Himmels willen nicht bedeuten, dass es sich in dieser Auswahl nur um sogenannte „Fahrstuhlmusik" handelt, also Musik, die nur den Sinn hat, in Hotels oder Arztpraxen im Hintergrund zu plätschern. Leider hat dieses Schicksal ja etliche bekannte klassische Musikstücke ereilt, oft sogar noch in besonders „weichgespülten" Versionen. Nein: Im Mittelpunkt steht hier einfach nur RUHIGE Musik – denn ich finde, die Welt, in der wir leben, ist schon laut genug.

Ich hoffe, ich kann mit diesem Buch (noch mehr) Lust auf klassische Musik machen.

2. Einleitung

„Über Musik zu schreiben, das ist, wie über Architektur zu tanzen", hat angeblich Frank Zappa einmal gesagt. Die ersten Fragen, die sich mir beim Schreiben dieses Buches gestellt hatten, waren:

– Welche Stücke wähle ich aus? Nach welchen Kriterien?

– Wie ordne ich die Auswahl?

– Was könnte Leser*innen/Zuhörer*innen wirklich interessieren?

Vor einer ähnlichen Fragestellung müssen die Verantwortlichen um Carl Sagan gestanden haben, als sie die beiden Datenplatten bestückt haben, die an Bord der beiden Raumsonden Voyager 1 und 2 im Jahr 1977 ins All geschossen wurden, in der Hoffnung, dass diese Sonden eines Tages außerirdischen Lebensformen Zeugnis ablegen über die Menschheit (die dann möglicherweise gar nicht mehr existieren wird) und deren Kultur und Entwicklung. Gut 40 Jahre später haben die beiden Sonden den interstellaren Raum erreicht, senden aber aus einer Entfernung von über 18 Milliarden Kilometer immer noch Daten an die NASA. Auf den sogenannten Voyager Golden Records – die für die Außerirdischen mit einer Bedienungsanleitung in Form von Symbolen versehen wurde – befinden sich neben Grußbotschaften Geräusche von Wind, Donner und Tieren und natürlich auch Musik: u. a. Stücke von Bach, Mozart und Beethoven (welche das genau waren, dazu später noch mehr). Zu meiner Beruhigung durfte ich feststellen, dass unabhängig von dem Wissen um die Golden Records fast alle diese Stücke bereits in meinen Listen Eingang gefunden hatten …

Ich habe mich entschlossen, nicht nach Alphabet oder Zeitalter auszuwählen, sondern einfach Top Ten-Listen zu bilden. Zu den meisten der Stücke werden ein paar Hintergrundinformationen, etwas zur Entstehungsgeschichte, dem Komponisten oder auch dem Aufbau oder den Besonderheiten mitgegeben. Dabei kommt es mir nicht auf Vollständigkeit an und Exaktheit an; es gibt auch keinen chronologischen

Aufbau oder aufeinander aufbauende Kapitel.

Die Stücke sind nach Musik für Klavier, Soloinstrumenten mit Orchester, Sinfonischer Musik, Opern und Kammermusik sowie geistliche Musik eingeteilt. Innerhalb der Kapitel wird teilweise noch nach einzelnen Komponisten unterschieden – dabei hat mir zugegebenermaßen etwas das Herz geblutet, Komponisten wie Schumann und Schubert in eine Liste zu „pressen". Ich bitte, dies nicht als Geringschätzung aufzufassen, sondern als den Versuch, wirklich nur eine Auswahl der allerschönsten Stücke aufzulisten.

Ein weiteres Kapitel ist einer Auswahl gewidmet, die zu bestimmten Anlässen oder Stimmungslagen, die meiner Meinung nach schönsten Stücke auflistet. Wer also keine Lust hat, sich durch die vorangegangenen Kapitel inspirieren zu lassen, oder dem das vielleicht zu viel ist, ist hier möglicherweise besser aufgehoben. Hier sind übrigens auch Stücke zu finden, die nicht nur als ruhig oder langsam charakterisiert werden können. Zu guter Letzt habe ich noch eine Extra-Liste (sozusagen mit dem „Besten vom Besten") im Schlusskapitel aufgeführt. Diese Auswahl ist für diejenigen, denen das Angebot immer noch zu groß oder verwirrend ist oder – für die NASA, falls nochmals eine Voyager-Sonde ins All gesendet werden sollte …

Wer sich gerne näher mit den Hintergründen und Fakten beschäftigen möchte, warum die Beschäftigung mit Musik in vielen Aspekten positive oder sogar heilende Wirkung haben kann – als Vorbeugung zu Alzheimer, pränatale Unterstützung des ungeborenen Lebens und wirksame Begleitmaßnahme bei vielen neurologischen Krankheiten – sollte sich das Kapitel 10 ansehen.

Auf jeden Fall möchte ich dazu einladen, Musik zu erkunden als Bereicherung und wahrhaftig wunderbare Dimension unseres Daseins.

3. Musik für Klavier solo

Zugegebenermaßen ist das Klavier meine Leidenschaft. Kaum ein Instrument ist meiner Meinung nach (ok, ich gebe es zu, ich bin da etwas parteiisch …) so vielseitig wie das Klavier; die Anzahl der Stücke, die für Klavier geschrieben wurden, ist schier unerschöpflich. Dies ist wohl auch der Grund dafür, dass die meisten Top Ten-Listen in diesem Buch mit dem Klavier in Verbindung stehen.

Übrigens wird der Flügel, der heute bei Konzerten und Aufnahmen zum Einsatz kommt, ungefähr seit Mitte des 19. Jahrhunderts in dieser oder ähnlicher Bauweise produziert. Davor war es das Hammerklavier bzw. noch früher das Cembalo, für das die Stücke geschrieben waren. Der Unterschied ist, dass beim Cembalo die Saiten nicht mit einem Hämmerchen angeschlagen werden wie beim Klavier, sondern mit einem sogenannten Kiel gezupft werden. Der Tastendruck hat beim Cembalo keinen Einfluss auf die Lautstärke des Tons. Gegen Mitte des 18. Jahrhunderts fand das sogenannte Hammerklavier Verbreitung. Die wesentliche Verbesserung vor allem im Klangbild wurde um 1860 erzielt mit der Verwendung von gusseisernen Rahmen, die eine höhere Spannung der Saiten ermöglichten. In Verbindung damit wurden die Saiten kreuzweise gespannt und außerdem der Tonumfang (also die Anzahl der Tasten) erheblich erweitert.

Der heutige Klang der Aufnahmen von Klaviermusik wird übrigens von Steinway Flügeln dominiert (nur in Ausnahmen kommt ein Flügel von Bösendorfer oder Bechstein zum Einsatz), dessen Klang sehr klar und prägnant ist. Ich persönlich finde das etwas schade, weil diese Monokultur ja nicht unbedingt dem unterschiedlichen Charakter der Musik entspricht. Es gibt allerdings auch Ausnahmen: Ich erinnere mich an ein Konzert in der Kölner Philharmonie vor einigen Jahren von Andreas Schiff, der Mozart Klavierkonzerte auf seinem Bechstein Flügel darbot. Fast etwas befremdlich wirkt heute, wenn die Musik auf Originalinstrumenten wie dem Cembalo dargeboten wird, weil das mittlerweile gewohnte Klangspektrum dann irgendwie zu fehlen scheint (obwohl z. B.

J. S. Bach natürlich kein Flügel, sondern nur ein Cembalo zur Verfügung stand ...)

So, aber jetzt genug der Vorreden, nun endlich zur Hauptperson dieses Buches: der klassischen Musik!

Playlist 1: Klaviermusik von Bach und Zeitgenossen

1	Soloinstrumente	Klavier
Nr.	Titel	
1	Bach: Goldberg Variationen: Aria	BWV 988
2	Bach: Präludium Nr. 8 aus Wohltemp. Klavier I	BWV 853
3	Bach: Die Kunst der Fuge, Nr. 1 Contrapunctus	BWV 1080
4	Bach: Präludium Nr. 22 aus WTK1	BWV 867
5	Bach: Partita Nr. 2, Sarabande	BWV 826
6	Couperin: Les ombres errantes	4. Buch, 25. Ordre
7	Rameau: 2. Buch, V. Le Rappel des oiseaux	RCT 2
8	Scarlatti: Sonate b-moll	K.87
9	Händel: Hapsicord Suite 2, Adagio	HWV 427
10	Bach: Aria variata (alla maniera italiana)	BWV 989

Johann Sebastian Bach (1685 – 1750)

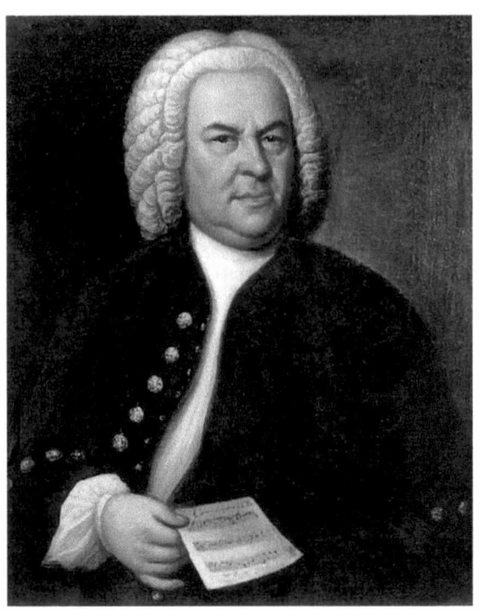

Zwanzig Kinder hatte Bach, wovon zehn früh starben, wie auch seine Geschwister, seine Mutter und sein Vater. Mit neun Jahren war Bach Vollwaise. Und seine erste Frau, seine große Liebe Maria Barbara, mit der er sieben Kinder hatte, starb früh im Jahr 1720, als Bach 35 Jahre alt war. Fast könnte man sagen, dass der Tod sein allgegenwärtiger Lebensbegleiter war. Und doch hat er nie aufgegeben. Für mich ist eines der größten Rätsel, wie dieser Mann es geschafft hat, dieses wahrhaft monumentale Werk zu erschaffen – und das mit einer ganzen Horde von spielenden und lärmenden Kindern um sich herum?

Unbegreiflich auch, dass sich nach seinem Tod 1750 bis auf einige Musikexperten nur wenige für ihn und seine Musik interessierten. Auf seinem Grabstein stand angeblich kein Stein, weil es sich die Familie nicht leisten konnte (zeit online, 27.3.2018). Viele der Noten lagen in Archiven herum. Wie kann das sein, dass nicht ein Schmerzensschrei durch Leipzig ging, ja durch die ganze Welt, als einer der größten Komponisten das Zeitliche segnete? Übrigens: Er teilte dieses Schicksal mit

Mozart, der verarmt in einem Massengrab vor den Toren Wiens beerdigt wurde. Heutzutage kaum zu begreifen, wo fast jedem C-Promi, der mal an einer Kochsendung teilgenommen hat oder einige Zeit im Dschungelcamp zugebracht hat, eine geradezu atemberaubende Aufmerksamkeit der Medien zuteil wird …

Auf Bildern wird Bach meist etwas dicklich, ernst und mit einem eher strengen Blick dargestellt. Im Gegensatz zu Mozart, der in seinem Leben unzählige Briefe geschrieben hat, anhand derer man ganz gut sein Leben und sein Umfeld rekonstruieren kann, ist über Bach recht wenig bekannt. Er war sehr gläubig, und im Zentrum seines Denkens stand Gott, nicht der Mensch. Er selbst hat einmal gesagt: „Wenn man Gott mit seiner Musik nicht ehrt, ist die Musik nur teuflischer Lärm und Krach." Selbst Menschen, die absolut nicht gläubig sind, werden von seiner – auf eine gewisse Art perfekte – Musik berührt. Er war der absolute Meister der Fuge und des Kontrapunkts, wo die Melodie von mehreren Stimmen getragen und abwechselnd und gegenläufig übernommen wird. Klingt kompliziert, daher am besten einfach mal den ersten Contrapunctus aus „Der Kunst der Fuge" anhören. Es verhält sich ähnlich wie mit dem Jonglieren (nur dass hier Stimmen statt Bälle jongliert werden): Mit 2 Stimmen kann man die Melodien noch gut unterscheiden, bei drei wird es schon schwieriger, und bei 4 Stimmen (genau wie bei 4 Bällen beim Jonglieren) steigen die meisten aus. Wenn man Kompositionstechnik studiert und selber versucht, eine mehrstimmige Fuge zu schreiben, kann einem das sehr, sehr schnell die Grenzen aufzeigen.

Die Aria aus den Goldberg-Variationen ist sozusagen die „Titelmelodie" der Goldberg-Variationen; von J. S. Bach wahrscheinlich um 1740 für den mit der Familie Bach befreundeten Grafen von Keyserlingk verfasst worden bzw. für den in dessen Diensten stehenden Cembalisten Johann Gottlieb Goldberg, der ein hochbegabter Schüler von Bach war. Es ist überliefert, dass der Graf an Schlaflosigkeit litt, und angeblich wollte der Graf in schlaflosen Nächten immer ein paar Stücke aus „seinen" Variationen hören. Wahrscheinlich entspricht diese Anekdote nicht der Wahrheit, aber da sie so nett klingt, wird sie immer wieder gerne erzählt …

Eine wahre Renaissance erlebten die Variationen nicht zuletzt durch die Neuaufnahme des Kanadiers Glenn Gould, einem genialen Bach Interpreten, der die Variationen zu Beginn seiner Karriere 1955 und ein weiteres Mal 1981 kurz vor seinem Tod aufgenommen hat. Ich bevorzuge die letztere Aufnahme – aber beim Hören nicht irritieren lassen: Er hatte die Angewohnheit, manche Passagen mitzusummen (was mir anfangs sehr befremdlich vorkam, aber durch die grandiose Interpretation mehr als wettgemacht wird).

Unvorstellbar, dass diese Musik nach dem Tode Bachs fast 150 Jahre quasi in der Versenkung versunken sein soll.

Als Filmmusik wurde die Arie unzählige Male zitiert: Einer der bekanntesten Filme ist „Das Schweigen der Lämmer", in dem der psychopatische Arzt Dr. Hannibal Lecter auf einem Kassettenrekorder die Goldberg-Variationen abspielt ... die nachfolgende Szene beschreibe ich allerdings an dieser Stelle lieber nicht – wen es interessiert, der soll selber googeln.

Das Wohltemperierte Klavier (WTK) wird auch oft als „Altes Testament" der Klaviermusik bezeichnet. Es handelt sich um zwei Teile mit jeweils 24 Präludien und Fugen, die chromatisch aufsteigend sämtliche Dur– und Molltonarten repräsentieren. Trotz dieser kompositorischen Strenge gelingt es Bach, wunderschöne Melodien und Stimmungen zu erzeugen.

Die Stücke waren Inspiration für viele nachfolgende Musiker. Angeblich sind die Préludes von Chopin nach diesem Vorbild entstanden. Von Chopin ist auch überliefert, dass er jeden Tag aus dem WTK spielte. Beethoven sagte über das WTK: „Immer, wenn ich beim Komponieren ins Stocken geriet, nahm ich mir das Wohltemperierte Klavier hervor, und sogleich sprossen mir wieder neue Ideen."

Das Präludium Nr. 8 in es-Moll ist eines der interessantesten Stücke aus dem Zyklus und erinnert schon fast an ein „Notturno", also ein Nachtstück, wie fast 100 Jahre später von Field und Chopin komponiert, während das Präludium Nr. 22 wie ein Choral klingt. Wem diese Art von Musik gefällt, empfehle ich unbedingt, sich die gesamten beiden Teile des WTK anzuhören.

Beim Contrapunctus aus Bachs ‚Kunst der Fuge‘ ist der Name praktisch Programm: Dies ist ein Stück Musik, wie es klarer und reiner nicht komponiert werden kann in der ansonsten strengen Form der Fuge. Bei keinem anderen Komponisten spürt man diese schon fast mathematische Strenge, mit der Bach komponiert hat, verbunden mit dem Reichtum seiner Musik. Interessant ist, dass „Gott“ der häufigste Begriff ist, der in Verbindung mit der Musik von Bach genannt wird.

Zu der Zeit, als Bach in Weimar lebte, also in den Jahren 1708–1717, studierte und kopierte er sehr viel italienische Musik. Die Aria variata mit seinem wunderbaren schlichten und anrührenden Thema ist angeblich durch ein Werk von Pasquini inspiriert worden.

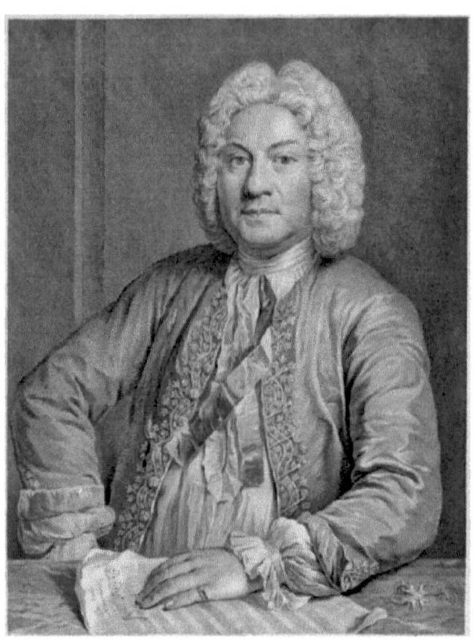

Couperin ist zwar ein Zeitgenosse von Bach, aber er entwickelte eine ganz andere musikalische Sprache, reich verziert mit Trillern, viel weniger „streng" als Bach. Ein sehr schönes Beispiel dafür ist das Stück ‚Les Ombres errantes' (zu deutsch „die wandernden Schatten"). Im Alter von 25 Jahren wurde Couperin Organist des „Sonnenkönigs" Louis XIV. in Versailles. Als „maître de clavecin des enfants de France" war er u. a. auch Musiklehrer der Prinzessinnen und Prinzen. Er wurde vom Sonnenkönig so sehr geschätzt, dass er ihn früh zu seinem Kirchenkapellmeister ernannte.

Jean-Philippe Rameau (1683 – 1764)

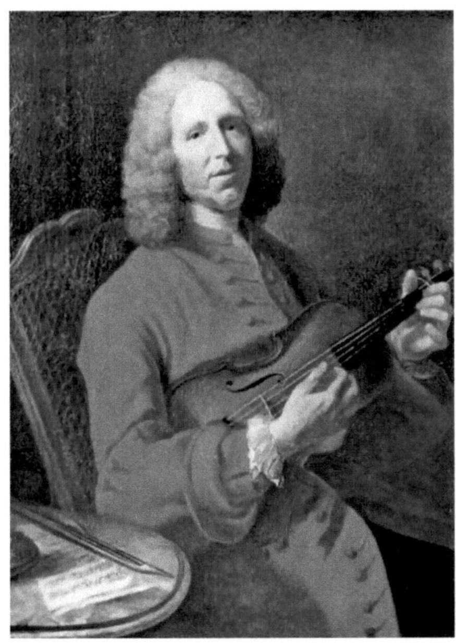

Der Titel Le Rappel des Oiseaux („Das Geschrei der Vögel") verrät schon einiges über das Stück: Mit zahlreichen Trillern wird sehr verspielt der Gesang bzw. das Geschrei von Vögeln imitiert. Auch hier schwer vorstellbar, dass dieses Stück zur gleichen Zeit (etwa 1724) entstanden ist wie Bachs Johannespassion. Ich erinnere mich noch genau, wie ich dieses Stück das erste Mal gehört habe und nicht glauben konnte, dass es vor fast 300 Jahren komponiert worden ist. Es ist mittlerweile zu einer beliebten Zugabe bei Konzerten geworden.

<h2 style="text-align:center">Domenico Scarlatti (1685 – 1757)</h2>

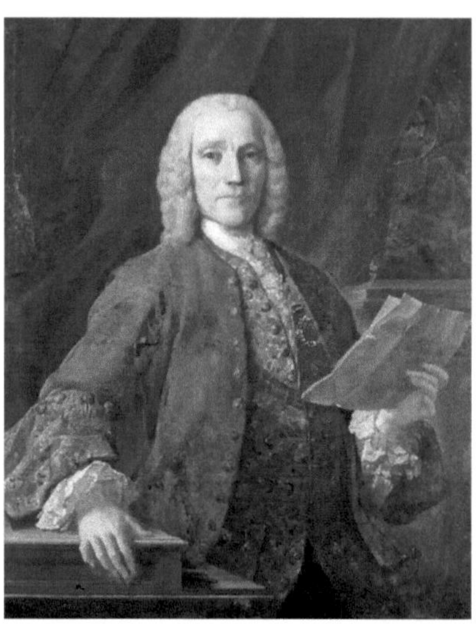

Die exzentrischen Klaviersonaten von Domenico Scarlatti – die über 500 überlieferten sind allesamt nur einige Minuten lang – sind ohne Vergleich in der Musikgeschichte, ohne Vorläufer und erst recht ohne Nachahmer, aber noch heute berühmt als virtuose Zugaben nach Konzerten. Scarlatti selber hat im Vorwort einer Sammlung von Sonaten geschrieben: „… erwarte in diesen Kompositionen keine profunde Gelehrsamkeit, sondern eher ein heiteres, sinnreiches Spiel mit der Kunst". Und genauso kommen sie auch daher: größtenteils unkompliziert, aber voller Glanz und Schönheit. Lange Zeit interessierte sich kaum einer für diese Sonaten, bis vor gut 70 Jahren der Pianist Kirkpatrick sie katalogisierte und der berühmte Pianist Vladimir Horowitz sie in den 60er Jahren in seine Programme aufnahm.

Das Stück in b-moll ist ein nachdenklicher, ruhiger, schon fast untypischer Vertreter dieser Gattung. Wer ein Beispiel für die Virtuosität möchte, dem empfehle ich die Sonate K141, die mit ihrem irrwitzigen Tempo das genaue Gegenteil der b-moll Sonate darstellt (vorzugsweise in der Interpretation von Martha Argerich).

Georg Friedrich Händel (1685 – 1759)

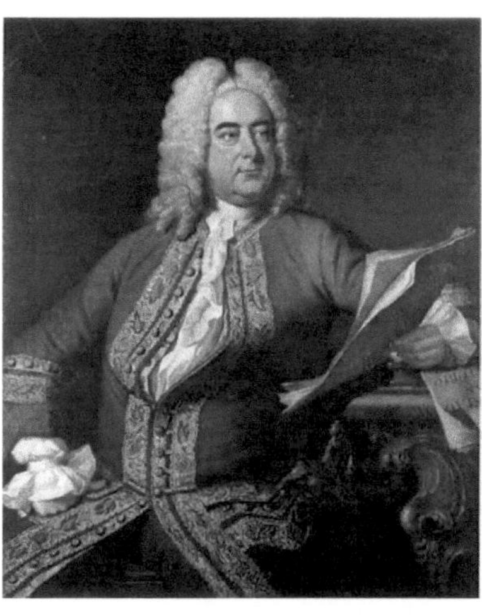

Händel wurde in Halle an der Saale geboren. Im Alter von 8 Jahren spielte er dem Herzog von Sachsen-Weißenfels auf der Orgel vor, der sein Talent erkannte und seinen Vater überzeugte, ihn als Musiker ausbilden zu lassen. Im Alter von 18 Jahren zog er nach Hamburg, wo 1705 auch seine erste Oper ‚Almira' aufgeführt wurde. Ein Jahr später trat er eine vierjährige Reise durch Italien an. Als Scarlatti auf dem Karneval in Venedig den maskierten Händel auf dem Cembalo spielen hörte, soll er ausgerufen haben: „Dies ist entweder der Teufel oder der berühmte Sachse!" In Italien komponierte Händel unter anderem auch das berühmte ‚dixit dominus', das in dem Kapitel „geistliche Musik" in der Liste aufgeführt ist. Ende 1710 reiste er nach London – zunächst geplant als einjähriger Urlaub von seiner damaligen Tätigkeit als Kapellmeister in Hannover. Aber ab 1712 verbrachte er den größten Teil seines restlichen Lebens (u. a. war er auch der Musiklehrer der Tochter des Königs) in England und wurde nach seinem Tod 1759 in der Londoner Westminster Abbey beigesetzt.

Die Klavierwerke Händels stehen natürlich unter dem Schatten des großen Kollegen Bachs. Sein ruhiges, fast entrücktes Adagio aus der Suite HWV 427 ist ein weiterer Beweis dafür, dass es sich lohnt, sich auch bei den Zeitgenossen umzuhören …

Playlist 2: Klaviermusik von Mozart und Beethoven

2	Soloinstrumente	Klavier
Nr.	**Titel**	
1	Mozart: Rondo	KV 511
2	Mozart: Adagio aus Sonate F-Dur	KV 332
3	Mozart: Adagio aus Sonate D-Dur	KV 576
4	Mozart: Andante cantabile aus Sonate Nr. 8	KV 310
5	Mozart: Andante Sonate A, 1. Satz	KV 331
6	Beethoven: 1. Satz aus Sonate Nr. 14 "Mondschein"	op. 27,2
7	Beethoven: 2. Satz Adagio cantabile aus Sonate Nr. "Pathétique"	op. 13
8	Beethoven: 2. Satz Andante con moto aus Sonate Nr. 23 "Appassionata"	op. 57
9	Beethoven: 2. Satz Andante espressivo aus Sonate Nr. 26 "Les Adieux"	Op. 81 a
10	Beethoven: 2. Satz Andante aus Sonate Nr. 15 "Pastorale"	op. 28

Welch ein Frevel: Mozart und Beethoven in einer Liste! Ja, ich weiß, aber wenn ich für jeden Komponisten eine eigene Liste mache, wird es ganz schnell den Rahmen dieses Buches sprengen.

Ich gebe allerdings zu, dass es mir sehr schwergefallen ist, weil damit u. a. der wahrhaft monumentale zweite Satz der letzten Klaviersonate von Beethoven op. 111 herausgefallen ist. Aber nicht vergessen: Dieses Buch soll ja in erster Linie einen Einstieg für diejenigen bedeuten, die sich noch nicht oder nur wenig mit klassischer Musik beschäftigt haben.

Zunächst mal zu Mozart (ein genialer, mehrfach Oscar-prämierter Film über das Leben Mozarts stammt aus den 80er Jahren von Milos Forman), dessen Musik mir in jüngeren Jahren nicht allzu sehr gefallen hat – sie kam mir so allzu leicht vor, so einfach – aber gerade deshalb ist seine Musik von vollendeter Schönheit. Mozart hat in den nur 35 Lebensjahren in quasi allen Disziplinen der Musik absolute Meisterwerke geschaffen, die mir im Laufe der Jahre immer mehr an Herz gewachsen sind. Er war ein Wunderkind, fing mit 3 Jahren an Klavier zu spielen, mit 4 Jahren Geige, mit noch nicht einmal 6 Jahren gab er sein erstes Konzert. Geradezu legendär muss sein Gehör gewesen sein: Auf seiner Italienreise 1770 gelang es ihm in Rom, nach nur einmaligen Hören der neunstimmigen Miserere von Allegri, diese vom Vatikan streng geheim gehaltene Partitur komplett fehlerfrei aus dem Gedächtnis aufzuschreiben (dieses Stück befindet sich auch in der Liste „Geistliche Musik“).

Zeit seines Lebens plagten ihn Geldprobleme, obwohl er für damalige Verhältnisse viel Geld verdiente mit Kompositionen und Unterricht. Noch in den letzten Tagen komponierte er ein Auftragswerk mit Unterstützung seines Schülers Süßmayr – der das Werk später vollendete – ausgerechnet eine Totenmesse: das Requiem. Er starb am 5. Dezember 1791 und wurde in einem Massengrab vor den Toren Wiens beigesetzt, nur vom Totengräber begleitet. Beethoven dagegen sollen 36 Jahre später immerhin 20.000 Menschen das letzte Geleit gegeben haben, und alle Schulen in Wien blieben an dem Tag geschlossen.

Wolfgang Amadeus Mozart (1756 – 1791)

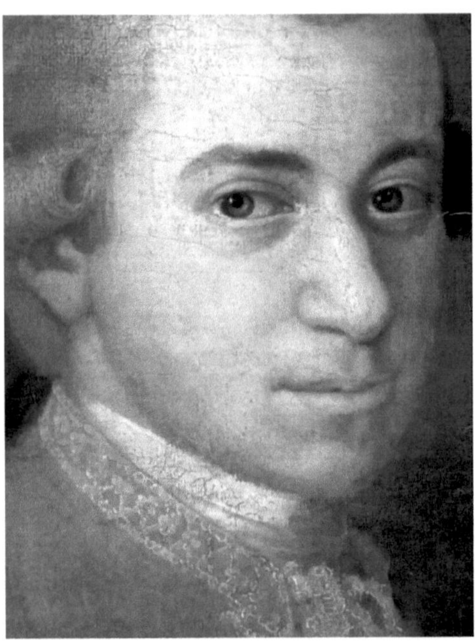

Nun zur Musik: Eine der Melodien, bei denen quasi jeder – auch wenn er kein Klassik-Liebhaber ist – nach wenigen Takten ruft: „Das kenne ich!", ist der erste Satz aus der Klaviersonate von Mozart in A-Dur. Dabei ist es kein „klassischer" Sonatensatz, sondern ein Thema mit 6 Variationen. Das ist es was ich meinte: ein schlichtes, einfaches, aber trotzdem sehr berührendes Thema.

Das Rondo in e-moll entstand im März 1787als Auftragswerk für einen Verleger: Mozart war von einer Reise nach Prag zurückgekommen, wo er im Januar 1787 seine ‚Hochzeit des Figaro' dirigierte und den Auftrag zum Don Giovanni erhalten hatte. Auch hier ein schlichtes, aber sehr anrührendes Thema, welches in dem Rondo quasi wie eine Variation wiederkehrend aufgegriffen wird. In einem Brief an seinen Vater von März 1787 erwähnte er als Anlass der Komposition den „traurigen" Todesfall seines „liebsten besten Freundes Graf von Hatzfeld". Der etwas düstere Charakter des Stückes verbunden mit den für Mozart ungewöhnlichen chromatischen Figuren machen das Stück zu einem ganz besonderen in seinem Klavierwerk.

Auch dem zweiten Satz der Klaviersonate KV 310 in a-moll liegt ein trauriger Anlass zugrunde: der Tod seiner Mutter.

„Trauern Sie mit mir, mein Freund! Dies war der traurigste Tag in meinem Leben – dies schreibe ich um 2 Uhr nachts – ich muss es Ihnen doch sagen, meine Mutter, meine liebe Mutter ist nicht mehr! Gott hat sie zu sich berufen. Erhalten Sie mir meinen Vater, sprechen Sie ihm Mut zu, dass er es sich nicht gar zu schwer und hart nimmt, wenn er das Ärgste erst hören wird. Meine Schwester empfehle ich Ihnen auch von ganzem Herzen. Geben Sie mir gleich Antwort, ich bitte Sie." So schreibt Wolfgang Amadeus Mozart an Abbé Bullinger, einen Freund der Familie in seine Heimat Salzburg. Es war im Juli 1778, kurz nach dem Tod seiner Mutter in Paris. Er traute sich nicht, den Tod seinem Vater zu beichten. Die Familie blieb im Glauben, die Mutter sei krank, dabei wurde sie bereits auf einem Friedhof der Kathedrale Saint-Eustache beigesetzt worden.

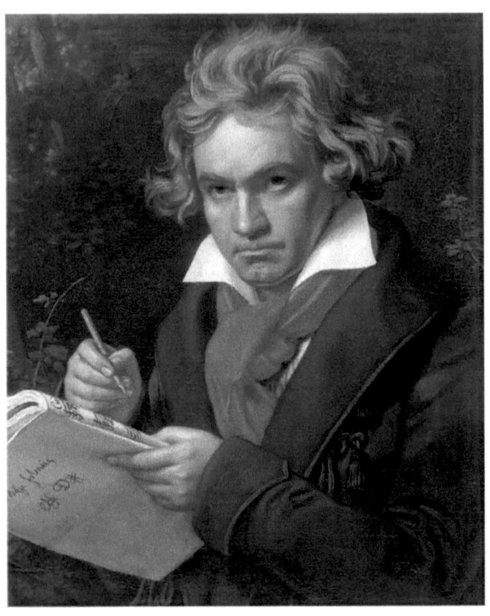

Beethoven galt als musikalischer Revolutionär und als Wegbereiter der Romantik. Dementsprechend wird er meist dargestellt wie auf dem bekannten Bildnis von Joseph Karl Stieler – mit wildem Haarschopf und rotem Schal. Er war der erste Komponist, der nie eine Anstellung bei Hof oder Kirche hatte. Aber auch er war zeitlebens abhängig von seinen – meist adeligen – Auftraggebern und Gönnern. Einer davon war der Graf Karl von Lichnowsky, dem Beethoven seine berühmte 8. Klaviersonate, die ‚Pathétique' widmete. Er unterstützte Beethoven in seinen frühen Jahren in Wien mit 600 Gulden jährlich. Aber trotzdem bekam er den Stolz Beethovens zu spüren mit dem berühmten Satz: „Fürst, was Sie sind, sind Sie durch Zufall und Geburt. Was ich bin, bin ich durch mich. Fürsten gibt es Tausende. Beethoven nur einen." Beethoven mangelte es erkennbar nicht an Selbstbewusstsein. Seine Kunst reichte dazu aus, dass er sich in adeligen Kreisen bewegen durfte, auch wenn ihm oft die entsprechenden Manieren fehlten. Johann Wolfgang von Goethe etwa schrieb über ihn: „Sein Talent hat mich in Erstaunen gesetzt; allein er ist leider eine ganz ungebändigte Persönlichkeit." Eine andere Anekdote berichtet von einem Anlass, als ein junger hochnäsiger Graf während eines Konzerts von Beethoven nicht aufhörte, sich mit seiner schönen Nachbarin zu unterhalten. Laut Ferdinand Ries, seinem Freund und Klavierschüler, soll Beethoven mit dem Ausruf „Für solche Schweine spiele ich nicht" aufgesprungen sein und den Salon verlassen haben. 1792 – also ein Jahr nach Mozarts Tod – zog Beethoven nach Wien und blieb dort bis zu seinem Lebensende. Er starb am 26. März 1827 mit 56 Jahren, wahrscheinlich an Leberzirrhose.

Bereits im Alter von 27 Jahren wurde Beethoven schwerhörig. Im sogenannten „Heiligenstädter Testament" schreibt er 1802 in einem bewegenden Brief an seine Brüder Kaspar Karl und Johann von seiner Verzweiflung über die fortschreitende Ertaubung. Mit 48 war er praktisch komplett taub und litt wahrscheinlich auch unter Tinnitus. Trotzdem – und Gott sei Dank! – komponierte er weiter. Die Instrumentalfassung der berühmten ‚Ode an die Freude' ist seit 1985 die Hymne der Europäischen Union. Berühmt – oder eher gesagt berüchtigt – war aber neben seinen Manieren auch sein ungepflegtes Äußeres. Er wird als untersetzt, sein Gesicht als pockennarbig beschrieben. Der ungeleerte Nachttopf stand teilweise nachmittags noch unter seinem Flügel, Essensreste lagen zwischen den Manuskripten. Finde ich schon fast wieder sympathisch, dass auch dieses große Genie Beethoven seine Probleme hatte mit dem Aufräumen.

Aber genug der Anekdoten über Beethoven – deren Wahrheitsgehalt teilweise stark angezweifelt wird – und zu seiner Klaviermusik:

Die Sonaten von Beethoven sind oft als das „neue Testament" der Klaviermusik bezeichnet worden. In seinem Zyklus der 32 Klaviersonaten kann man sehr gut erkennen, wie der rebellische Beethoven sich von der klassischen Form der Sonate gelöst hat bis zu den letzten Sonaten, die teilweise schon fast transzendentalen Charakter aufweisen.

Die sogenannte ‚Mondscheinsonate' von 1801 ist quasi das Pendant zur Sonate KV 331 von Mozart: so etwas wie seine Erkennungsmelodie, die auf keinem Sampler zur klassischen Musik fehlen darf. Beethoven selbst bezeichnete sie als „Sonata quasi una Fantasia", weil sie nicht dem klassischen Satzmuster entsprach mit dem berühmten Adagio als ersten Satz. Die Bezeichnung „Mondscheinsonate" prägte ein Musikschriftsteller erst einige Jahre nach Beethovens Tod, der sich beim Hören an eine abendliche Bootsfahrt erinnert fühlte. Beethoven selbst merkte zu dem Werk in seiner typischen Art an, er „habe wahrhaftig Besseres geschrieben". Ein fast unglaublicher Fall von Tiefstapeln, ist es doch eines der bekanntesten und beliebtesten Stücke der gesamten klassischen Musikliteratur …

Der langsame Satz aus der 8. Klaviersonate, der ‚Pathétique', entstand 1798, also zu der Zeit, in der sich seine angehende Taubheit schon bemerkbar machte. Dieser Name wurde übrigens von Beethoven selbst vergeben für diese Sonate mit dem wunderbar verträumten langsamen Satz.

Die ‚Appassionata' ist ebenfalls ein Höhepunkt seines Schaffens; die sehr virtuose und expressive Sonate Nr. 23. Der langsame Satz in Des-Dur beginnt mit einem choralartigen Thema, das in einigen Variationen wiederholt wird. Den Abschluss bildet ein Septakkord fortissimo als Auftakt zum furiosen 3. Satz.

Der Anlass für die Sonate Nr. 26 ‚Les Adieux' war die Flucht seines Förderers Erzherzog Rudolf aus Wien vor den napoleonischen Truppen und für Beethoven der Anlass, eine Sonate programmatischen Inhalts zu verfassen. Ähnlich wie in der ‚Pastorale' trägt jeder der drei Sätze ein poetisches Motto, das unterschiedliche Bezüge zum Thema Abschied aufweist, daher auch der Beiname der Sonate: ‚Les Adieux'. Das Adagio beginnt mit dem „Lebewohl-Thema", welches deutlich in den ersten drei Akkorden hörbar ist. Das Motiv wird dann von Beethoven in immer entlegenere Tonarten entführt, um die immer größere Distanz, die sich zwischen zwei scheidenden Personen auftut, zu versinnbildlichen.

Der 2. Satz aus der Sonate Nr. 15 aus dem Jahr 1801 war lange Zeit ein Lieblingsstück von Beethoven, das er auch oft selber spielte. Der Beiname ‚Pastorale' wurde wahrscheinlich vom Verleger geprägt. Eine Sonate, die im Vergleich zu den anderen weitaus seltener gespielt wird – zu Unrecht, wie ich finde, allein schon wegen dieses sehr schönen langsamen Satzes.

Playlist 3: Klaviermusik von Schubert und Schumann

3	Soloinstrumente	Klavier
Nr.	Titel	
1	Schubert: 2. Satz Andante sostenuto aus Sonate Nr. 21	D960
2	Schubert: 2. Satz Andantino aus Sonate Nr. 20	D959
3	Schubert: Impromptu Nr. 3	D899,3
4	Schubert: 2. Satz Andante molto aus Sonate Nr. 7	D568
5	Schubert: Fantasie zu 4 Händen	D940 op. 103
6	Schumann: Kinderszenen: "Träumerei"	op. 15, 7
7	Schumann: 3. Satz aus Fantasie	op. 17
8	Schumann: 1. Satz aus Humoreske	op. 20
9	Schumann: 2. Satz Romance aus Faschingsschwank	op. 26
10	Schumann: Romance	op. 28,2

<h1 style="text-align:center">Franz Schubert (1797 – 1828)</h1>

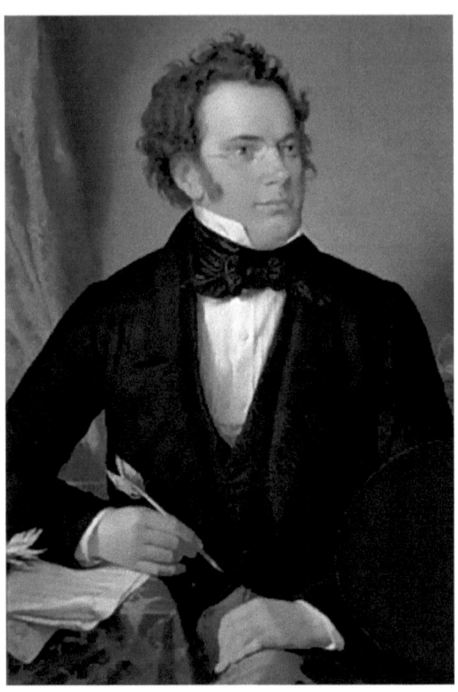

Seine Produktivität ist schier unfassbar. In nur 31 Lebensjahren (davon litt er die letzten 6 Jahre unter Syphilis) schuf er absolut herausragende Werke der Klavier- und Kammermusik. Er muss quasi rund um die Uhr komponiert haben: Allein im Alter von 16 bis 19 schuf er 5 Sinfonien, vier Messen, 6 Opern und ca. 270 Lieder!

Er wuchs in ärmlichsten Verhältnissen in einem Wiener Vorort auf, hatte einen despotischen Vater, und seine über alles geliebte Mutter starb früh. Praktisch sein gesamtes Leben lang hatte er finanzielle und gesundheitliche Probleme, aber er schuf meiner Meinung nach einige der schönsten Werke der klassischen Musik überhaupt.

„Die Tonkunst begrub hier einen reichen Besitz, aber noch viel schönere Hoffnungen." So lautete Franz Grillparzers Grabinschrift für Franz Schubert, und ich verstehe sehr gut, was er meint, wenn ich mir nur die letzten 3 Klaviersonaten anhöre, die 1828 vollendet wurden.

Wir beginnen mit dem langsamen Satz aus seiner letzten Klaviersonate in B-Dur, einem geradezu monumentalen Werk. Im Andante hat man fast das Gefühl, dass die Zeit stehen bleibt.

Das Andantino der Sonate D959 ist ein Klagelied, das sich aber im Mittelteil steigert, quasi bis zum Zusammenbruch. Der Schlussteil gehört für mich zum Anrührendsten, was Schubert geschrieben hat.

Impromptu bedeutet: „überraschend", „aus dem Augenblick heraus", und Schubert schuf damit (und mit den Moments musicaux) eine neue Gattung von Miniaturen für das Klavier. Das Impromptu in Ges-Dur ist ein Gesang, den der Naturliebhaber Schubert fast wie ein Nocturne geschrieben hat. Für mich das schönste seiner Impromptus!

Die Fantasie in f-moll bildet hier in der Sammlung eine kleine Ausnahme (weil für 4 Hände geschrieben). Ich habe dieses seltener aufgeführte Stück aus seinem Todesjahr 1828 trotzdem mit aufgenommen, weil es m. E. mehr Aufmerksamkeit verdient hat. Das Thema kündet von tiefem Schmerz und Resignation angesichts des vorgezeichneten qualvollen Todes. Gewidmet hat er die Fantasie Comtesse Caroline von Esterházy, die nicht nur seine Klavierschülerin, sondern offensichtlich auch seine große Liebe war.

Robert Schumann (1810 – 1856)

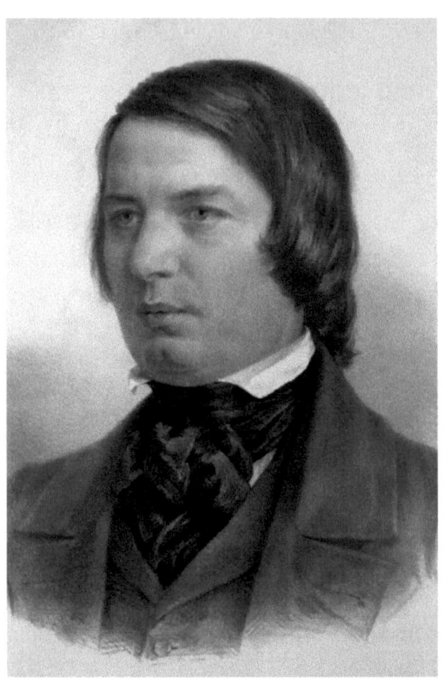

Schumann kam als sechstes Kind wohlhabender Eltern auf die Welt und genoss eine hervorragende, vor allem literarische Bildung auf dem Gymnasium, welche er mit Prädikat abschloss. Im Anschluss daran sollte er Jura studieren in Leipzig und Heidelberg, aber er wandte sich entschlossen der Musik und der Komposition zu. In Leipzig hatte er zum ersten Mal bei Friedrich Wieck vorgesprochen – der sein späterer Klavierlehrer werden sollte – und dabei seine damals neunjährige Tochter Clara Wieck kennengelernt (die später seine Frau werden sollte). Seine ersten Klavierkompositionen erscheinen 1831/32 (u. a. die Papillons op. 2 und die Toccata op. 7). Seine Karriere als Pianist wurde 1832 jedoch jäh beendet, weil er beim Üben übereifrig eine Apparatur benutzte, welche die Sehnen stärken sollte, worauf der Mittelfinger der rechten Hand gelähmt blieb. Im Nachhinein fast eine glückliche Fügung, weil er sich daraufhin nur noch dem Komponieren widmete. Dazu kam das problematische Verhältnis zu seinem Lehrer

Wieck, der die Hochzeit mit seiner Tochter Clara unter allen Umständen verhindern wollte. 1839/1840 kam es zum Prozess, in dem Schumann die gerichtliche Erlaubnis zur Eheschließung erzwang. Seine Frau Clara Schumann war eine der bedeutendsten Pianistinnen ihrer Zeit. Sie komponierte übrigens auch selbst, was aber zu dieser Zeit bei Frauen als komplett unangemessen angesehen und somit unterdrückt wurde. Dieses Schicksal teilen ihre – teilweise sehr schönen – Kompositionen mit dem Werk von Fanny Hensel, deren Werk im Schatten ihres berühmten Bruders Felix Mendelssohn vollständig unterging – sehr zu Unrecht.

Claras ausgedehnte Konzertreisen führten aber zusammen mit der Betreuung der insgesamt 6 Kinder einhergehenden Beanspruchung zu Spannungen.

1850 wird Schumann – in erster Linie aus wirtschaftlichen Gründen – städtischer Musikdirektor der Stadt Düsseldorf. Die damit verbundenen Pflichten und ein sich weiter verstärkendes Nervenleiden führten 1854 zu einem Selbstmordversuch durch einen Sprung in den Rhein. Die letzten zwei Jahre bis zu seinem Tod 1856 verbrachte er in einer Nervenheilanstalt in Endenich bei Bonn. Nach neueren Erkenntnissen litt er wohl unter einer sogenannten bipolaren Störung.

Die Fantasie C-Dur entstammt der schwierigen Phase, in der er um seine Frau Clara mit dessen Vater Friedrich Wieck rang. Folgendes Motto von Friedrich Schlegel hat Schumann dem wunderbaren Werk vorangestellt:

„Durch alle Töne tönet
Im bunten Erdentraum
Ein leiser Ton gezogen
Für den, der heimlich lauschet.“

Ein Stück, dem man förmlich anhört, wie sehr ihn diese Liebe und das Ringen um seine Frau im Innersten aufgewühlt hat …

1838 entstanden die Kinderszenen, wohl auch durch seine Kinder inspiriert. Er schrieb an Clara, er habe „an die 30 putzige Dinger geschrieben", von denen er 12 (das 13. „Der Dichter spricht" war zu diesem Zeitpunkt noch nicht berücksichtigt) ausgewählt hatte. Von der

Schwierigkeit eher mittel einzustufen, sind die Stücke – so auch in meinem Falle – beliebt als Einstieg in die Welt der klassischen Klaviermusik; gedacht sind die Stücke aber eher für Erwachsene, die sich an ihre Kindheit zurückerinnern wollen. Die restlichen Stücke galten übrigens über 150 Jahre als verschollen, bis im Jahre 2006 in der Bibliothek in Überlingen am Bodensee ein Notenblatt gefunden wurde, das Clara Schumann wohl an den befreundeten Fotografen Julius Allgeyer in Überlingen geschickt hatte. Dieses Stück findet man übrigens unter dem Titel „Ahnung" (z. B. bei YouTube).

Die Humoreske ist wie der nachfolgende Faschingsschwank während eines Aufenthalts 1838 in Wien entstanden. An seine spätere Frau Clara Schumann schrieb er dazu: „Die ganze Woche saß ich am Clavier und componirte und schrieb und lachte und weinte durcheinander; dies findest Du nun alles schön abgemahlt in meinem Opus 20 …" Vom Charakter her ist das Stück – wie der Name suggeriert – allerdings keineswegs lustig, sondern Schumann charakterisierte es selbst als „vielleicht mein Melancholischstes".

Wohl ursprünglich als Sonate konzipiert, schreckte Schumann beim Faschingsschwank – genau wie bei der Fantasie op. 17 – vor der Bezeichnung Sonate zurück, um es dann „Fantasiebilder" zu überschreiben.

Die Romanzen op. 28 wollte Schumann angesichts der nach allen Wirrungen und Schwierigkeiten bevorstehenden Hochzeit Clara Wieck widmen, entschied sich aber anders mit der Begründung, die Stücke wären „ihrer nicht würdig genug". Gerade im Fall der fis-moll Romance schwer zu verstehen …

Playlist 4: Romantische Klaviermusik von Chopin

4	Soloinstrumente	Klavier
Nr.	Titel	
1	Nocturne Nr. 20	op. posthum
2	Nocturne Nr. 2	op. 9,2
3	3. Satz Largo aus Sonate Nr. 3	op. 58
4	Mazurka Nr. 40	op. 63,2
5	Mazurka Nr. 41	op. 63,3
6	Etüde op. 25,1 "Schmetterling"	op. 25,1
7	Mazurka Nr. 13 Lento ma non troppo	op. 17,4
8	Walzer Nr. 7	op. 64,2
9	Prélude Nr. 15 "Regentropfenprélude"	op. 28,15
10	Nocturne Nr. 8	op. 27,2

Frédéric Chopin (1810 – 1849)

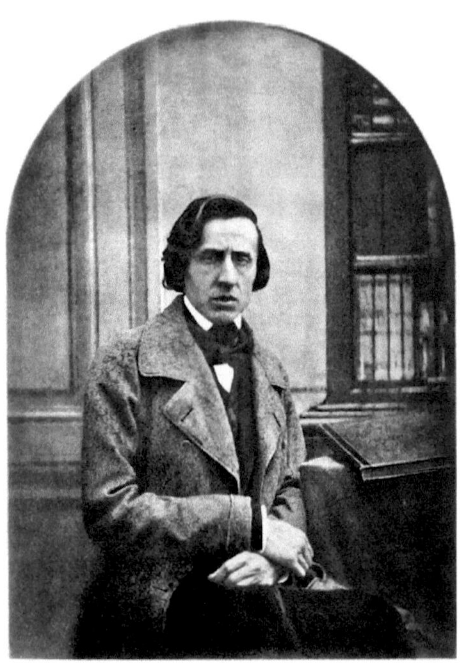

Ich gebe es zu: Chopin ist mein absoluter Favorit für das Klavier! Er hat auch fast ausschließlich für das Klavier komponiert. Aber was er für Klavier komponiert hat, gehört zu dem Schönsten, was an Melodien und musikalischen Stimmungen dem Klavier jemals entlockt worden ist. Er wurde geboren in Polen, aber nach dem Aufstand des polnischen Volkes 1830 gegen die russische Unterdrückung konnte er nicht nach Warschau zurückkehren und ging im Anschluss an eine Konzertreise durch Europa nach Paris, wo er die meiste Zeit seines kurzen Lebens verbrachte und 1849 starb (sein Grab kann man dort auf dem berühmten Friedhof Père Lachaise besuchen). In seinen Biografien wird er meist als hochsensibel und kränklich beschrieben, aber seine wunderbare Musik gilt bis heute als der Inbegriff der romantischen Klaviermusik. Fast überflüssig zu erwähnen, dass Chopin auch ein hochgeschätzter Pianist war, der gefeierte Konzerte gegeben hat. Seiner

Musik bin ich schon seit meiner Jugend quasi verfallen – und das ist der wesentliche Grund, warum ich Chopin eine ganze Liste exklusiv gewidmet habe.

Aus den Nocturnes – also den Nachtstücken – sind dann gleich 3 Werke vertreten: das cis-moll Nocturne (posthum), welches Chopin im Alter von 20 Jahren komponierte, sein berühmtes Nocturne Nr.2 in Es-Dur (an dem sich schon Legionen von Klavierschülern versucht haben – darunter auch ich) und das wunderschöne Nocturne Nr. 8 in Des-Dur; stellvertretend für die Sammlung von insgesamt 21 Stücken, die so typisch sind für seine musikalische Sprache.

Darüber hinaus sind drei Mazurken – ursprünglich ein Tanz im ¾ Takt aus Polen – vertreten. Die Mazurka in a-moll erinnert an ein Nocturne. In der Mazurka Nr. 40 verbindet sich das einfache, sehr wehmütige Thema mit den ländlichen polnischen Motiven. Eine großartige Miniatur mit einer Melodie voller Zärtlichkeit und Sehnsucht, ebenso wie die Mazurka Nr. 41 in cis-moll. Die 1846 entstandenen Stücke waren der letzte Zyklus von Mazurken, der zu Chopins Lebzeiten veröffentlicht wurde.

In der Sonate Nr. 3 op. 58 erzeugen musikalische Figuren und zarte Melodielinien eine geradezu meditative Stimmung, vor allem im herrlichen 3. Satz. Am besten einfach anhören, es lohnt sich!

Für meinen Geschmack sind übrigens die Aufnahmen der Nocturnes und Mazurken von Arthur Rubinstein aus den 60er Jahren (obwohl vom Klang her nicht ganz so gut wie Aufnahmen aus den letzten zwanzig Jahren) immer noch sehr, sehr hörenswert.

Ungewöhnlich sicherlich, dass eine Etüde unter diesen Stücken auftaucht. Die sogenannte Schmetterlingsetüde von Chopin nannte Schumann „mehr ein Gedicht als eine Etüde". Er hatte Chopin 1835 in Leipzig mit diesem Stück selbst am Klavier erlebt und war überwältigt: „… ein Wogen des As dur-Accordes, vom Pedal hier und da von Neuem in die Höhe gehoben; aber durch die Harmonien hindurch vernahm man in großen Tönen Melodie, wundersame, und nur in der Mitte trat einmal neben jenem Hauptgesang auch eine Tenorstimme deutlicher hervor. Nach der Etüde wird's Einem, wie nach einem sel'gen Bild, im Traum gesehen, das man, schon halbwach, noch einmal erhaschen möchte." Besser als Schumann kann man das Stück nicht beschreiben …

Der Walzer Nr. 7 in cis-moll ist seiner Klavierschülerin Baronin Charlotte de Rothschild gewidmet und eines der bekanntesten Stücke von Chopin. Solche Widmungen an seine Schülerinnen sind häufig, immerhin bestritt er seinen Lebensunterhalt größtenteils mit dem Klavierunterricht. Eine Stunde Unterricht bei Chopin kostete ca. 20–30 Franc (entspricht nach heutigen Verhältnissen etwa 200 €).

Das Regentropfenprélude: Was ist nicht alles über dieses Stück und seine Entstehungsgeschichte geschrieben worden! Auf Mallorca wurden die 24 Préludes op. 28 fertiggestellt, zu denen dieses bekannte Prélude zählt. (Chopin selber kannte es übrigens nicht unter diesem Namen, dieser ist dem Stück erst später „angedichtet" worden.)

Da Chopin an Tuberkulose litt und sich eine Besserung durch ein milderes Klima erhoffte, reiste er im Oktober 1838 nach Mallorca. Aus Gründen der Hygiene – Chopins Lungenkrankheit hatte die Ärzte und Behörden alarmiert (ja, das gab es schon vor „Corona"!) – mussten sie ihre Villa nahe Palma verlassen und landeten schließlich sich in dem verlassenen Kartäuserkloster in Valldemossa, wo sie bis Mitte Februar 1839 blieben. Chopin muss sich sehr unwohl gefühlt haben in dem Kloster in Valldemossa, wo er diese Monate mit seiner Lebensgefährtin George Sand verbrachte. In einem Brief vom 28. Dezember 1838 schrieb er an seinen Freund Julian Fontana:

„Nur einige Meilen entfernt zwischen Felsen und Meer liegt das verlassene, gewaltige Kartäuserkloster, in dem Du Dir mich in einer Zelle mit Tür, einem Tor, wie es nie in Paris eins gab, vorstellen kannst, unfrisiert, ohne weiße Handschuhe, blass wie immer. Die Zelle hat die Form eines hohen Sargs, das Deckengewölbe ist gewaltig, verstaubt, das Fenster klein, vor dem Fenster Orangen, Palmen, Zypressen; gegenüber dem Fenster mein Bett auf Gurten unter einer mauretanischen, filigranartigen Rosasse. Neben dem Bett ein […] quadratisches Klappult, das mir kaum zum Schreiben dient, darauf ein bleierner Leuchter […] mit einer Kerze, Bach, meine Kritzeleien und auch anderer Notenkram … still … man könnte schreien … und noch still. Mit einem Wort, ich schreibe Dir von einem seltsamen Ort." Angeblich erweckt das Stück mit dem wiederholten Anschlag des As den Eindruck fallender Regentropfen beim Zuhörer ... wie auch immer, ein großartiges Werk (wie auch z. B. viele weitere Stücke aus op. 28, z. B. die zauberhaften Préludes Nr. 11 und 17 ...)

Playlist 5: Klaviermusik der Romantik von Brahms, Grieg u. a.

5	Soloinstrumente	Klavier
Nr.	Titel	
1	Brahms: Intermezzo	op. 117,1
2	Grieg: Heimweh aus Lyrische Stücke	op. 57,6
3	Grieg: An den Frühling	op. 43,6
4	Brahms: Walzer in D-moll	op. 39,9
5	Liszt: Liebestraum	S 541/3
6	Liszt: Consolations Nr. 3 Lento	S 172/3
7	Sibelius: Bagatellen, Nr. 2 "Laulu"	op. 97,2
8	Sibelius: "Granen"	op. 75,5
9	Mendelssohn: Venezianisches Gondellied aus Lieder ohne Worte	op. 62,5
10	Mendelssohn: „Duetto"	op. 38,6

Johannes Brahms (1833 – 1897)

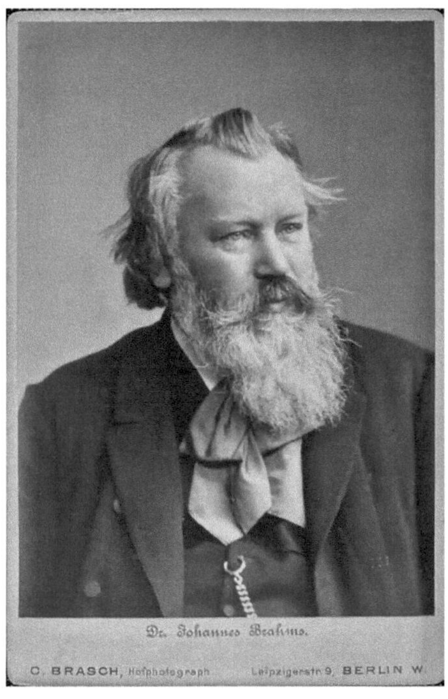

Er war ein enger Freund von Clara und Robert Schumann, denen er 1853 von seinem Freund und berühmten Geiger Joseph Joachim vorgestellt wurde. Brahms verliebte sich nach der Einweisung Robert Schumanns in eine Nervenheilanstalt ein Jahr später in dessen Frau Clara, mit der ihn eine lebenslange enge Freundschaft verbinden sollte.

Brahms siedelte 1872 nach Wien über, dem Ort seiner produktivsten Schaffensperiode bis zu seinem Tod 1897. Seine beiden Klavierkonzerte und vier Sinfonien gehören zu den großen Werken dieser Gattung. Er stellt mit seinem komplexen romantischen Stil höchste Anforderungen an den Klavierspieler. Ich habe zwei „einfachere" Stücke ausgewählt: Das Intermezzo aus op. 117 verströmt den Charakter eines Wiegenliedes, und der Walzer ist ein schlichtes, aber wunderschönes Zeugnis seiner Kunst.

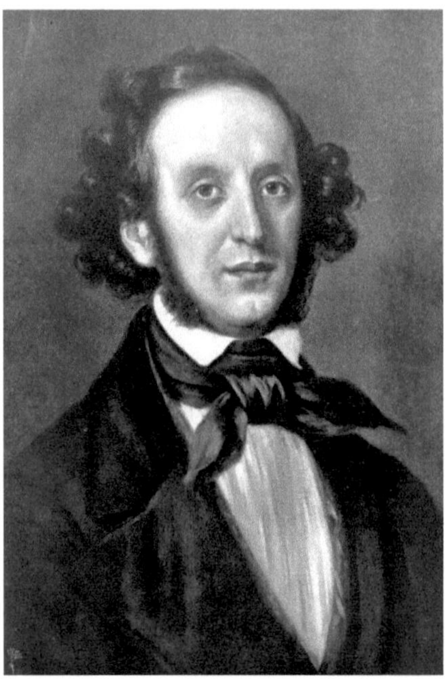

Ich finde, dass Mendelssohn als Komponist unterschätzt wird. Er gründete das erste Konservatorium in Deutschland und trug als Dirigent mit seiner Aufführung der Werke Händels und Bachs wesentlich zu deren Wiederentdeckung bei. Neben seinem unglaublichen Violinkonzert (und der Musik für den „Sommernachtstraum", s. folgende Kapitel) verblasst natürlich vieles andere, aber ich finde, dass er auch wunderschöne Stücke für Klavier geschrieben hat, von denen beispielhaft zwei „Lieder ohne Worte" hier vorgestellt werden: das venezianische Gondellied und das „Duetto" op. 38,6, welches ein Liebesduett eines Tenors mit einem Sopran wiedergibt.

Franz Liszt (1811 – 1886)

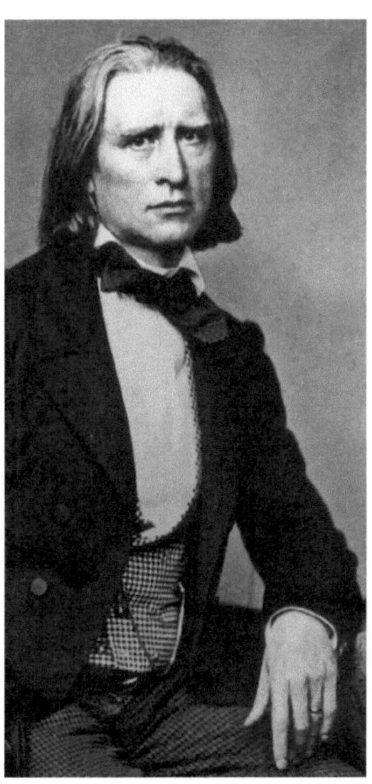

An Franz Liszt scheiden sich die Geister: Er war DER Pianist seiner Zeit, ein Tastenakrobat und Frauenschwarm, und ja: ein Komponist!

Wo der hagere Mann mit den ultralangen Hexenfingern auf seinen Europatourneen Halt machte, fielen vor allem die Zuhörerinnen regelmäßig in Ohnmacht und vergaßen die Etikette; adelige Damen prügelten sich um ein von Liszt benutztes Taschentuch und lauerten ihm im Hotel auf. Als großartiger Virtuose spickte er seine Kompositionen derart mit höllischen Schwierigkeiten, dass man beim Zuhören glaubte, dass er 10 Finger an jeder Hand hätte. Ein Beispiel dafür ist seine wahrhaftig visionäre h-Moll-Sonate: Sie gehört zum Schwersten, was für Klavier komponiert wurde. Aber er konnte auch herrliche Melodien aus dem Klavier zaubern. Zwei Beispiele dafür sind sein berühmter „Liebestraum" und die Consolation Nr. 3, beide in As-Dur geschrieben.

Edvard Grieg (1843 – 1907)

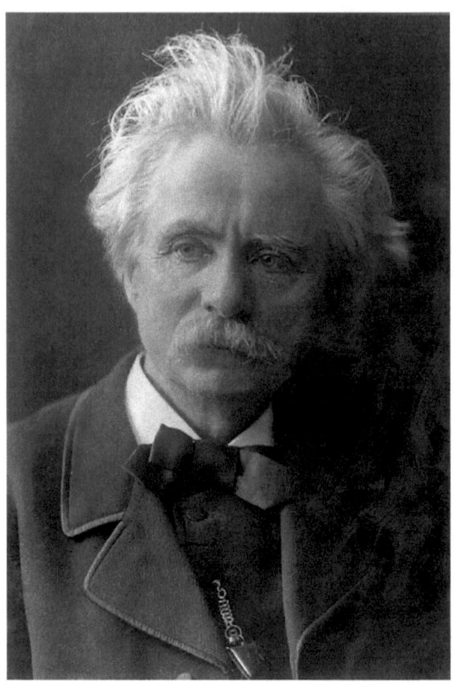

Der Norweger ist vor allem bekannt für die Peer-Gynt Suite und sein Klavierkonzert, aber auch er hat wunderschöne Stücke für Klavier solo geschrieben, von denen er zehn Bände als sogenannte lyrische Stücke veröffentlichte. Seine klangmalerischen Elemente bilden den Übergang von der Spätromantik zum Impressionismus z. B. eines Debussy.

Zwei dieser Stücke („Heimweh" und „ An den Frühling") habe ich für diese Liste ausgewählt.

<h1 style="text-align:center">Jean Sibelius (1865 – 1957)</h1>

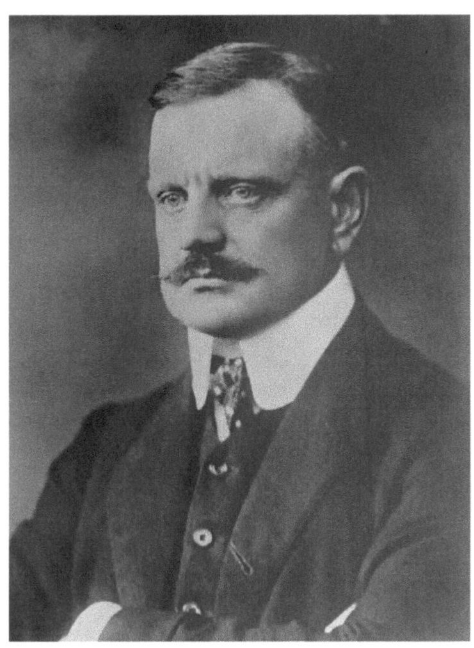

Trotz seiner Studien in Berlin und Wien (geplant war, bei Brahms Unterricht zu nehmen, aber der nahm zu der Zeit keine Schüler mehr an) entwickelte der finnische Komponist einen komplett eigenständigen Stil. Seine Tondichtung „Finlandia" ist so etwas wie eine Nationalhymne der Finnen. Bekannt geworden ist er allerdings im Wesentlichen durch sein Violinkonzert. Kaum bekannt dagegen sind seine Werke für Klavier – ganz zu Unrecht, wie ich finde, deshalb habe ich gleich 2 hinreißende Stücke von ihm ausgewählt: „Laulu" (d. h. Lied) aus den Bagatellen und „Granen" (zu deutsch „Tanne"). Er selbst hat wohl einmal geäußert, dass „seine eigenen Klavierstücke vielleicht eines Tages genau so beliebt sein würden, wie die von Schumann". Gut, da hat der gute Sibelius vielleicht etwas übertrieben, aber sein Klavierwerk ist auf jeden Fall absolut wert, gehört zu werden.

Playlist 6: Klaviermusik aus Russland

6	Soloinstrumente	Klavier
Nr.	Titel	
1	Rachmaninoff: Prélude Andante cantabile	op. 23,4
2	Rachmaninoff: Lilacs („Flieder")	op. 21,5
3	Liadov: Prelude	op. 11,1
4	Rachmaninoff: Prélude Largo	op. 23,10
5	Rachmaninoff: Prélude	op. 32,5
6	Scriabin: Prélude	op. 11,4
7	Scriabin: Prélude	op. 11,12
8	Tschaikowski: Oktober ("autumn song")	op. 37b
9	Glinka/ Balakirev: The Lark (die „Lerche")	
10	Glinka: "La Separacion"	op. 11,12

Sergei Rachmaninoff (1873 – 1943)

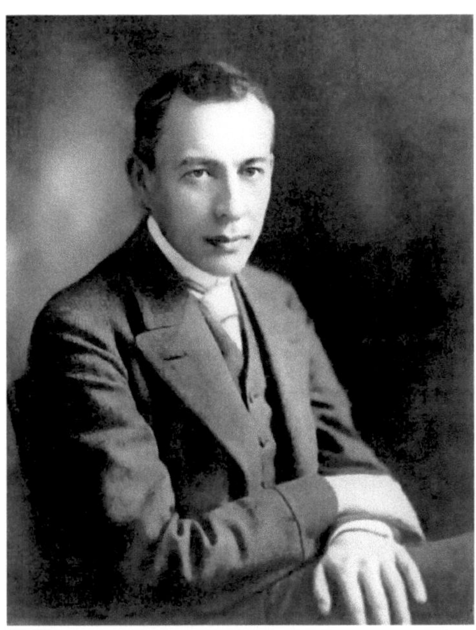

Für mich ist Rachmaninoff DER russische Komponist, was das Klavier angeht, daher habe ich gleich 4 Stücke von ihm für die Liste ausgewählt. Unschwer hätte ich auch eine ganze Liste nur mit Stücken von ihm füllen können ...

Seine Préludes op. 23 und 32, aus denen drei der Stücke stammen, sind von einem erlesenen Klangreichtum. Oft schwermütig, teilweise an Chopin erinnernd. Mir ist auch aufgefallen, dass ich diese Préludes vorzugsweise im Herbst oder Winter höre.

Den ersten Klavierunterricht erhielt der junge Rachmaninow mit vier Jahren von seiner Mutter; später studierte er Musik in St. Petersburg und Moskau. Die Uraufführung seiner 1. Sinfonie im März 1897 in Sankt Petersburg unter der Leitung von Alexander Glasunow (er gab später zu, sie in betrunkenem Zustand dirigiert zu haben) war ein absolutes Fiasko. Rachmaninow, der von Natur aus schon eine Tendenz zur Schwermut hatte, geriet durch die vernichtende Kritik in eine tiefe

Schaffenskrise und nachfolgende schwere Depressionen. Er begab sich in psychiatrische Behandlung mittels Hypnose, durch die es ihm gelang, sein Selbstvertrauen zurückzugewinnen. Danach begann er mit den Arbeiten an seinem 2. Klavierkonzert, das er seinem Arzt Nikolai Dahl aus Dankbarkeit widmete. Es ist eines der großartigsten Werke der Romantik und sein mit Abstand bekanntestes Stück.

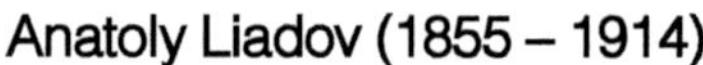

Anatoly Liadov (1855 – 1914)

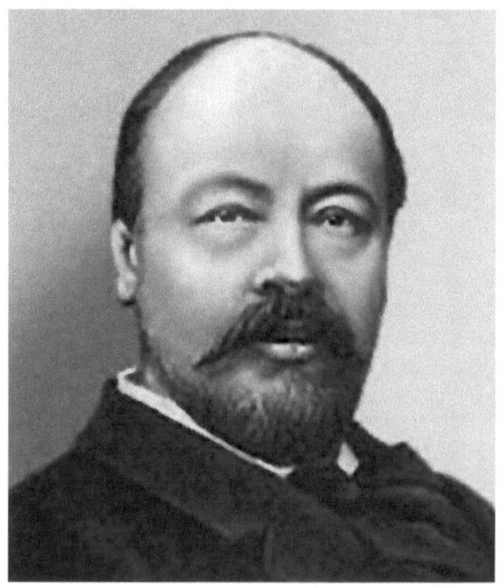

Liadov begann ein Studium am St. Petersburger Konservatorium. Hier erhielt er vor allem Unterricht bei Nikolai Rimski-Korsakow, mit dem er sein Leben lang befreundet blieb. Obwohl er zeitweilig wegen Disziplinlosigkeit vom Unterricht ausgeschlossen wurde, schloss er 1878 seine Studien sehr erfolgreich ab und wurde noch im selben Jahr Dozent am Konservatorium. Sein berühmtester Schüler war übrigens Sergei Prokofjew.

Sein Prélude op. 11,1 mag ich sehr – allerdings hat es einen schwierigen Klavierpart für die linke Hand. (Vielleicht wird es deshalb selten aufgeführt?)

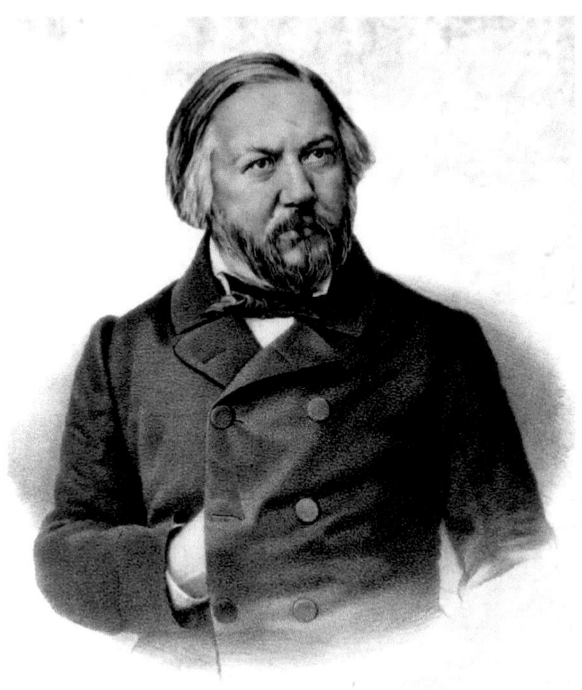

Er war ein Zeitgenosse Chopins, deren Einfluss man meiner Meinung nach auch unschwer erkennen kann. Sein absoluter Evergreen ist das Stück „Die Lerche", das in einer Bearbeitung von Balakirev häufig in den Konzertsälen zu hören ist.

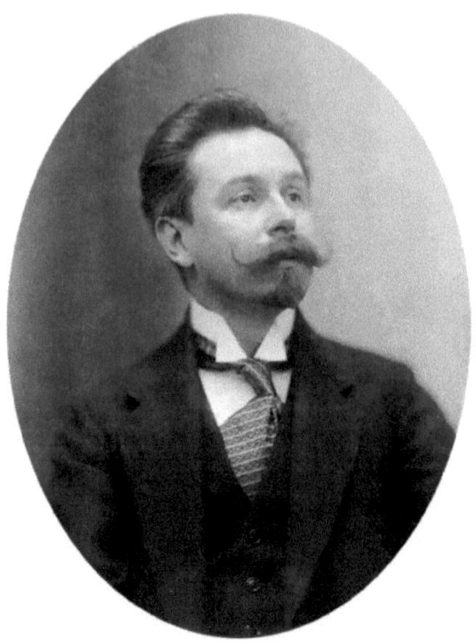

Scriabin studierte ebenfalls am Moskauer Konservatorium (übrigens als Kommilitone von Rachmaninoff); wo er später auch als Klavierprofessor tätig war.

Was ich über die Musik Glinkas geschrieben habe, gilt noch in viel stärkerem Maße für Scriabin. Seine Musik klingt in etwa so, als hätte man Rachmaninoff mit Chopin gekreuzt. Ich erinnere mich noch genau daran, wie ich Anfang der 80er Jahre in Aachen, als die ersten CDs aufkamen – und man sich noch nicht über YouTube oder spotify praktisch jede Musik einfach sofort anhören konnte – mir zufällig eine CD mit den Préludes in die Hände fiel. Ich war so begeistert davon, dass ich mich schon am nächsten Tag aufmachte in einen Musikalienladen, um die Klaviernoten zu bestellen. Diese Begeisterung für die Musik Scriabins hält bis heute an – allerdings eher für seine frühen Werke. Zum Ende seines Lebens beschäftigte ihn mehr und mehr die Idee eines multimedialen „Mysteriums", wobei sich Scriabin selbst als eine Art Messias empfand. Kurz gesagt: Scriabin wurde zunehmend irre, und ich finde das merkt man seinen späteren Werken auch an …

Playlist 7: Klaviermusik aus Frankreich

7	Soloinstrumente	Klavier
Nr.	Titel	
1	Debussy: "clair de lune" aus Suite bergamasque	
2	Ravel: Pavane	
3	Debussy: "The little shepherd" aus Children's corner	
4	Satie: "Gymnopedie Nr. 1"	
5	Satie: Gnossienne Nr. 1	
6	Debussy: "des pas sur la neige"	
7	Debussy: "La cathedrale engloutie" aus Préludes	
8	Poulenc: Mélancolie	
9	Saint-Saens: der Schwan aus "Carnaval der Tiere"	
10	Ravel: Jeu d'eaux	

<h1 style="text-align:center">Claude Debussy (1862 – 1918)</h1>

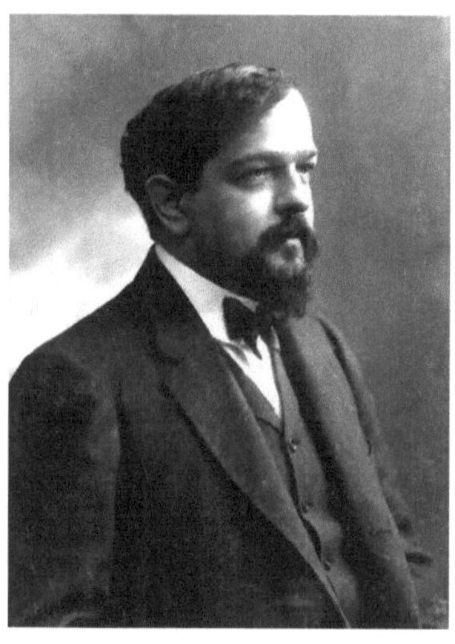

Seine Musik gilt als Inbegriff des Impressionismus. Er studierte Klavier am Pariser Konservatorium, gewann dort auch erste und zweite Preise, aber danach blieben die Erfolge aus, sodass er sich zunehmend dem Komponieren widmete (welch' eine glückliche Fügung für die Nachwelt!). Die Verwendung nicht-Dur-Moll-basierter Harmonik, außereuropäischer Skalen z. B. in den Préludes bildet den Übergang in die Moderne, veranlasste aber seinen Kollegen Saint-Saens zu dem Urteil: „Das Prélude klingt hübsch, aber Sie finden nicht die geringste ausgesprochen musikalische Idee darin. Es ist so viel Musikstück wie die Palette eines Malers Gemälde."

Wie man auch immer dazu stehen mag: Sein „Clair de lune" (auf deutsch: „Mondlicht") ist unzweifelhaft eines der bekanntesten Werke der Klavierliteratur – und findet auch wegen seines romantischen Charakters häufiger Eingang in die Filmmusik (z. B. im Film „Ocean's Eleven").

Das Stück „the little shepherd" – also der kleine Schäfer – stammt aus der Suite „Children's corner". Debussy widmete den Zyklus seiner 1905 geborenen Tochter Emma-Claude, genannt Chouchou („Schätzchen"). Als Vorbild dienten sicherlich Schumanns Kinderszenen. Aber auch hier gilt: Vielleicht für Kinder geschrieben, aber schwerlich von Kindern zu spielen, weil zu anspruchsvoll im Klaviersatz …

Maurice Ravel (1875 – 1937)

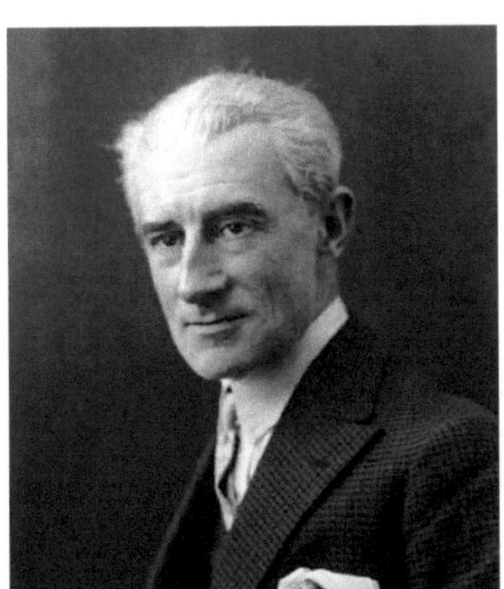

Sein mit Abstand bekanntestes Stück ist der ‚Boléro': ursprünglich eine Ballettmusik, dessen Ostinato-Rhythmus das ganze Stück über durchgehalten wird und sich kontinuierlich steigert (und damit fast an balinesische Musik erinnert wie den Feuertanz). Seine tonmalerischen Darstellungen reichen über diese bisweilen harte Motorik bis zu ruhig Verträumten, wie zum Beispiel dem Stück le Gibet („der Galgen") aus Gaspard de la nuit.

Die Pavane ist ein Frühwerk und soll ausdrücken, wie eine kleine Prinzessin in alter Zeit am spanischen Hof getanzt haben könnte. Das Jeux d'eau („Wasserspiele") ist überschrieben mit einem Zitat von Henri de Régnier: „Dieu fluvial riant de l'eau qui le chatouille", also etwa „ein Flussgott, der lacht, weil ihn das Wasser kitzelt". So klingt es auch, man hört förmlich das Wasser rauschen, und Ravel zieht in diesem Stück alle Register der Harmonik und nutzt das komplette Klangspektrums eines Konzertflügels.

Erik Satie (1866 – 1925)

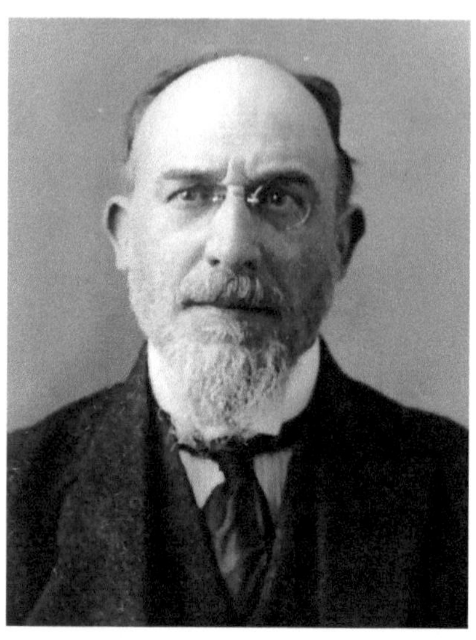

Satie war ein seltsamer Typ: Er wurde 1879 am Pariser Konservatorium angemeldet, das er jedoch wegen fehlender Motivation und zunehmender Frustration nach zweieinhalb Jahren abbrach; danach fand er eine Anstellung als Pianist in einem Kabarett. Saties Vorstellung von Musik war, dass der Komponist nicht das Recht hat, „die Zeit seiner Zuhörer unnötig in Anspruch zu nehmen". Musik sollte im Raum sein wie ein Tisch, Stuhl oder Vorhang. Hierzu passt auch sein Ausspruch: „Jeder wird Ihnen sagen, ich sei kein Musiker. Das stimmt."

Er benutzte teils rätselhafte, teils absurde Vortragsbezeichnungen, z. B. „wie eine Nachtigall mit Zahnschmerzen" oder „öffnen Sie den Kopf", „vergraben Sie den Ton in Ihrer Magengrube".

Seine Musik ist charakterisiert – mit einem hohen Wiedererkennungswert – durch schon fast überbetonte Einfachheit und sparsame Verwendung von Noten. Aber die Musik dieses skurrilen Eigenbrötlers – wie seine Gymnopédie oder Gnossienne – ist überaus bekannt und erfolgreich und die hier genannten Stücke sind recht häufig in Film oder Werbung zu hören (u. a. im Film „Chocolat" mit Juliette Binoche aus dem Jahr 2000).

Francis Poulenc (1899 – 1963)

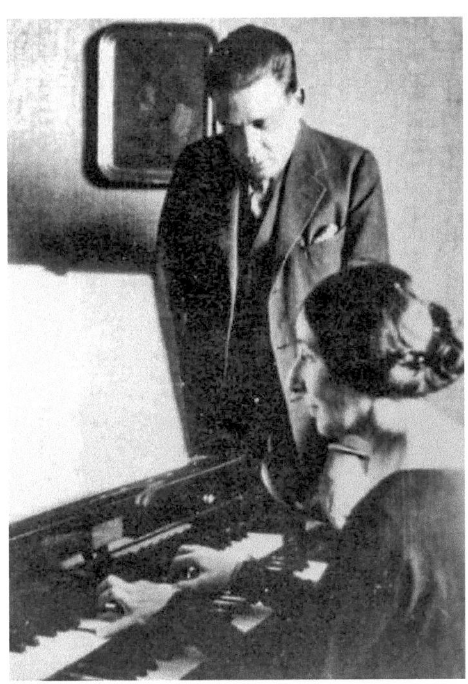

Die „Melancolie" wurde 1940 komponiert. In der Regel improvisierte Poulenc zunächst über ein Thema, spielte es seinen Freunden vor, und wenn es Anklang fand, dann komponierte er es aus. In seinen absolut lesenswerten Memoiren „Mein glückliches Leben" schreibt der große Pianist Arthur Rubinstein über die goldenen Zwanzigerjahre in Paris, in denen sich Künstler wie Strawinsky, Satie und Poulenc in den Salons trafen, um sich gegenseitig die neuen Kompositionen vorzuspielen.

Camille Saint-Saens (1835 – 1921)

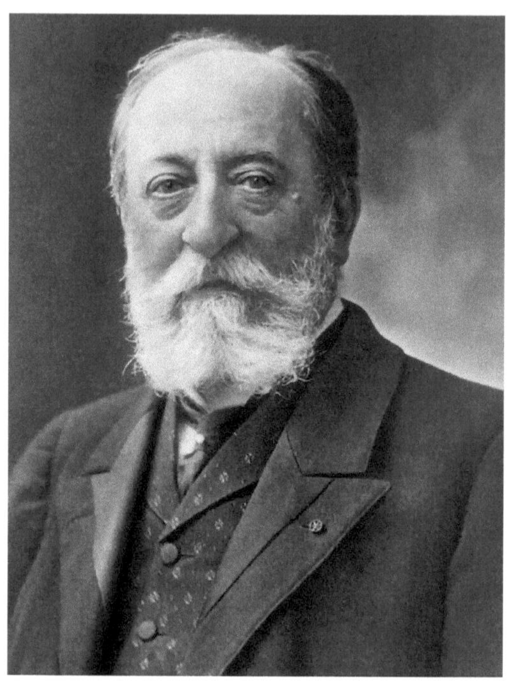

Er galt als musikalisches Wunderkind, mit 11 Jahren spielte er sein erstes öffentliches Konzert. Sein bekanntestes Werk ‚Der Karneval der
Tiere' (Le Carnaval des animaux) wurde ursprünglich für Kammerorchester bzw. für Cello geschrieben. Das Stück ‚Der Schwan' wurde für
Klavier transponiert (von Siloti und Godowsky) und ist eines seiner bekanntesten Werke. Für mich wäre darüber hinaus noch das 2. Klavierkonzert mit der grandiosen Anfangssequenz es absolut wert, öfter aufgeführt zu werden.

Playlist 8: Transkriptionen für Klavier

8	Soloinstrumente	Klavier
Nr.	Titel	
1	Bach/Siloti: Präludium aus BWV 855a	
2	Bach/Kempff: Siciliano aus der Flötensonate BWV1031	
3	Schubert/Liszt: Ständchen	S 560
4	Bach: Aria aus Kantate Nr. 9 „Schafe können sicher weiden"	
5	Gluck/Sgambati: Melodie aus der Oper "Orfeo und Euridice"	
6	Bach/Hess: Jesus bleibet meine Freude	
7	Bach/Busoni: Ich ruf zu dir, Herr Jesu Christ aus Orgelbüchlein BWV 639	
8	Bach Marcello: 2. Satz Adagio nach dem Oboenkonzert von Marcello	BWV 974,2
9	Bach/Busoni: Nun komm der Heiden Heiland aus BWV 659	
10	Bach/Rachmaninoff: Gavotte aus Partita für Violine BWV 1006	

Viele Klassikliebhaber haben ein gespaltenes Verhältnis zu Transkriptionen, also zu Kompositionen, die sich anmaßen, sie müssten das Original noch verbessern. So habe ich auch lange Zeit gedacht. In der Romantik, also im 19. Jh., war es in den Salons gang und gäbe, Transkriptionen alter Werke aufzuführen. Aber spricht die Musik z. B. von Bach nicht für sich selbst? Muss sie wirklich übersetzt werden?

So dachte ich auch, bis ich zum ersten Mal die Transkription von Myra Hess zu der Kantate „Jesus bleibet meine Freude" hörte und sehr berührt war von diesem herrlichen Stück. Myra Hess war eine englische Pianistin, die in den 20er Jahren des vergangenen Jahrhunderts dieses Stück spielte und auf das Drängen vieler Freunde und Zuhörer die Noten für diese wunderschöne Transkription aufschrieb.

Aber auch schon Johann Sebastian Bach selbst bearbeitete fremde und eigene Werke für neue Besetzungen. Ein Beispiel dafür ist das BWV 974, eine Überarbeitung eines Oboenkonzerts von Marcello. (Wer die Melodie wiedererkennt: Ja, es kommt tatsächlich in dem Film „Fifty shades of grey" vor.) Viele Transkriptionen verwenden Notenmaterial von J. S. Bach. Der Grund dafür ist, dass im Zeitalter der Romantik, also vor allem im ausgehenden 19. Jh., versucht wurde, die Musik des großen Meisters auf den „Zeitgeist" anzupassen. Wie man auch immer dazu stehen mag: Auch die Transkriptionen beweisen die Genialität der Musik dieses großen Komponisten. Eines meiner erklärten Lieblingsstücke ist die Version des e-moll Präludiums (gespielt von Vikungur Olafsson) transponiert von Siloti, einem russischen Komponisten und Pianisten. Siloti war übrigens ein Cousin von Rachmaninoff und Schüler von Franz Liszt in Weimar.

In größerem Stil hat Franz Liszt Transkriptionen geschaffen (sie stellen einen eigene Werkgruppe dar in seinem Schaffen): Er übertrug Orgelwerke von Bach, die neun Symphonien von Beethoven, Lieder von Beethoven, Schubert, Mendelssohn-Bartholdy. Mein persönlicher Favorit ist das Ständchen von Schubert (übrigens ist auch die Version für Violine und Klavier sehr hörenswert).

Wirklich zauberhaft ist auch die Transkription von Sgambati, einem italienischen Pianisten, der ebenfalls Schüler von Franz Liszt war. Die Transkription der Arie aus der Oper ‚Orfeo & Euridice' von Gluck handelt von der Geschichte des thrakischen Sängers Orpheus. Als er den Verlust seiner geliebten Euridice beweint, bekommt er von Zeus zugesichert, Euridice dürfe zu den Lebenden zurückkehren, wenn es ihm gelingt, die Wächter der Unterwelt mit seinem Gesang zu besänftigen. Die einzige Bedingung ist, dass er sich beim Verlassen der Unterwelt nicht nach ihr umdrehen darf. Natürlich passiert, was nicht sein darf: Weil Euridice sich beklagt, er würde sie nicht mehr lieben, dreht sich Orpheus zu ihr um. Im Anschluss an die missglückte Rettungsaktion will er sich umbringen, aber Gott sei Dank gibt es – wie im Hollywoodfilm – ein Happyend, weil der Liebesgott Amor ihm den Dolch entreißt, Euridice wiedererwachen lässt und die Liebenden zusammenführt. Wenn man dieses Stück hört, glaubt man tatsächlich den zauberhaften Gesang von Orpheus und seiner Leier zu hören …

Auch Rachmaninoff hat sich an Transkriptionen der Musik von Bach versucht: Ein Beispiel ist die Gavotte aus der Partita (also quasi eine Suite oder Sonate) Nr. 3 für Violine. Er liebte es, seine Klavierabende mit einer Bach-Überarbeitung zu eröffnen. Freilich wird bei dem Spätromantiker Rachmaninoff daraus ein schillerndes, fast impressionistisches Stück mit glänzenden pianistischen Kaskaden.

4. Musik für Soloinstrument und Orchester

Playlist 9: Werke für Klavier und Orchester

9	Werke für Klavier und Orchester	
Nr.	Titel	Werkverzeichnis
1	Beethoven: 5. Klavierkonzert, 2. Satz Adagio un poco mosso	op. 73
2	Chopin: 2. Klavierkonzert, 2. Satz Larghetto	op. 21
3	Mozart: Klavierkonzert Nr. 23, 2. Satz Adagio	KV 488
4	Bach: Klavierkonzert d-moll, 2. Satz	BWV 974
5	Tschaikowski: Klavierkonzert Nr.1, 2. Satz	op. 23
6	Rachmaninoff: Klavierkonzert Nr. 2, 2. Satz	op. 18
7	Mozart: Klavierkonzert Nr. 21, 2. Satz	KV 467
8	Grieg: Klavierkonzert, 2. Satz Adagio	op. 16
9	Brahms: Klavierkonzert, Nr. 2, 3. Satz Andante più adagio	op. 83
10	Schostakovich: Klavierkonzert Nr. 2, Andante	op. 102

Wenn es nach mir ginge, würde ich die ersten drei Werke dieser Liste allesamt auf die Golden Record der Voyager pressen (s.a. das Schlusskapitel dazu).

Das Es-Dur Konzert von Beethoven mit dem Beinamen „Emperor Concerto" entstand 1809, also zu Zeiten der Napoleonischen Kriege (damals stand Napoleon mit seinen Truppen vor Wien). Mit knapp 40 Jahren ist Beethoven zu dieser Zeit schon fast gänzlich taub. Das Konzert beginnt mit einer rauschenden Solopassage des Klaviers (statt wie sonst üblich zu der Zeit, mit einer Einführung des Themas durch das Orchester). Der zweite Satz daraus ist eine sehr intime Idylle, die schon den Stil Chopins erahnen lässt. Ganz ehrlich: wem dieses Stück nicht gefällt, der wird wohl schwerlich einen Zugang zu klassischer Musik finden (oder finden wollen).

Das gleiche gilt für das Larghetto von Chopins Klavierkonzert Nr. 2: ein großartiger poetischer und inniger Satz, der das ganze Genie Chopins im Umgang mit „seinem" Instrument, dem Klavier, zeigt. In der letzten Zeit sind auch Versionen mit Streichquintett aufgenommen worden (z. B. in der wunderbaren Aufnahme mit Olga Scheps). Wie ich finde, kommt diese Version – weil sich Chopin wenig um das Orchestrale und um die sinfonischen Strukturen kümmerte– dem Charakter des Werkes entgegen.

Die langsamen Sätze aus dem Klavierkonzert Nr. 21 und 23 gehören zu dem Ergreifendsten, das Mozart geschrieben hat. Den herrlichen 2. Satz des KV 467 dominiert eine fast unendlich erscheinende Melodie im Gesang der rechten Hand des Klaviers.

Im zweiten Satz des Klavierkonzerts Nr. 23 verleiht die von Mozart selten verwendete Tonart fis-moll der Eingangssequenz, die vom Klavier solo vorgetragen wird, einen ganz besonderen, ergreifenden Charakter. Es ist ein solch ergreifend schönes Stück Musik, dass ich mich nach jedem Hören einfach besser fühle, so als hätte mir jemand etwas Großartiges geschenkt.

Von den insgesamt 27 Klavierkonzerten Mozarts werden übrigens die Nr. 20–27 als die „späten" bezeichnet, die sicher auch die gewichtigsten sind. Aber auch die früheren Klavierkonzerte bergen teilweise

Schätze, die vielleicht nur deshalb im Schatten der großen Werke Mozarts stehen, von denen er eine solche Vielfalt der Welt geschenkt hat. Wer jetzt Appetit bekommen hat auf mehr, dem möchte ich insbesondere die Klavierkonzerte Nr. 17–19 ans Herz legen (KV 453, KV 456 und 459), die alle im Jahr 1784 entstanden.

Der zweite Satz aus Bachs Klavierkonzert d-moll ist ein zartfühlendes, in der Grundstimmung aber auch dunkles Adagio, dessen betont schlichtes Thema an die Chorstimme der Kantate „Wir müssen durch viel Trübsal in das Reich Gottes eingehen" (BWV 146) erinnert. An der Stelle sei nochmals der Hinweis wiederholt, dass es zu Zeiten von Bach natürlich noch keine Klaviere bzw. Flügel mit dem heutigen Tonumfang gab. Also waren es eher Cembalokonzerte, und auch diese waren oft vom Komponisten selber zuvor als Violinkonzerte konzipiert worden.

Wer sich fragt, warum der langsame Satz aus dem Klavierkonzert von Grieg in a-moll und nicht der aus dem Konzert von Schumann ausgewählt wurde: Natürlich ist das Geschmackssache, beides sind großartige Konzerte der Romantik. Aber keine Angst: Das Konzert von Schumann kommt noch in dem Kapitel „Musik nach Stimmungslage".

An Brahms scheiden sich oft die Geister: Für die einen ist er der Inbegriff der Romantik, für die anderen ist die Musik zu romantisch, zu überladen, zu irgendwas. Ohne Partei ergreifen zu wollen: Das Andante aus dem 2. Klavierkonzert ist absolut überwältigende Musik. Es beginnt mit einem innigen Zweigesang des Cellos mit dem Orchester, bis Klarinette und Klavier den liedhaften Gesang übernehmen.

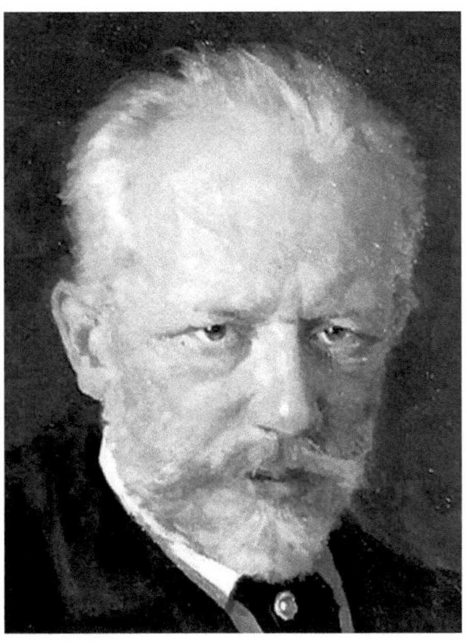

Zu Tschaikowskis Lebzeiten hat das Klavierkonzert für reichlich Diskussionsstoff gesorgt. Sein Freund und Pianist Nikolaj Rubinstein fand das Konzert „armselig" komponiert, wohl eine der grandiosesten Fehleinschätzungen der Musikgeschichte. Nach der Uraufführung 1875 in Boston trat das Werk einen regelrechten Siegeszug an; es wurde zu dem am häufigsten eingespielten Klavierkonzert überhaupt und hat bis heute nichts von seinem Schwung verloren.

Über die Entstehungsgeschichte des 2. Klavierkonzerts von Rachmaninoff hatte ich ja bereits im vorangegangenen Kapitel geschrieben: Er fiel nach dem Misserfolg seiner ersten Symphonie in eine schwere Krise, aus der – nach Jahren der Behandlung – dieses Werk hervorging. Und man spürt regelrecht, wie er alles hineingelegt hat: schwermütige Melodien voller Leidenschaft. Es begründete 1901 seinen internationalen Durchbruch. Die teilweise schwärmerischen Melodien werden von Kritikern manchmal als schwülstig bezeichnet. Jedenfalls sind diese Melodien so hinreißend romantisch, dass sie natürlich auch

Eingang in die Filmmusik gefunden haben – u. a. in dem Film „Das ver-
flixte 7. Jahr" mit Marylin Monroe aus dem Jahr 1955, wo sie zu dieser
Musik verführt werden soll. In einem Film aus dem Jahr 2018 spielt das
Stück (hier allerdings der erste Satz) quasi eine Hauptrolle, nämlich in
dem französischen Film „ Der Klavierspieler vom Gare du Nord" über
einen hochbegabten Jungen aus den banlieus von Paris, der es aus
seinem tristen Umfeld in das Conservatorium de musique und anschließend in die Konzertsäle schafft (und der Durchbruch gelingt ihm
natürlich mit diesem Konzert).

Dmitri Dmitrijewitsch Schostakowitsch (1906 – 1975)

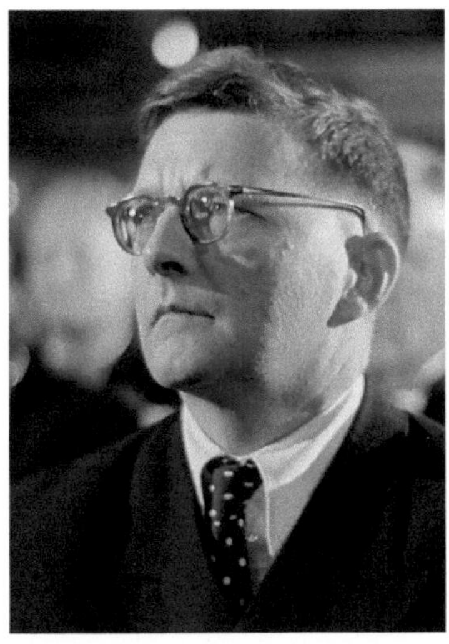

Wer mehr über das Leben von Schostakowitsch wissen möchte, dem sei das Buch von Julian Barnes „Der Lärm der Zeit" ans Herz gelegt, in dem er über Schostakowitch schwieriges Verhältnis zum stalinistischen Machtapparat schreibt. Schostakowitsch, der sich dem Vorwurf der „Volksfremdheit" ausgesetzt sah, lebte in ständiger Angst, der „Säuberung" Stalins zum Opfer zu fallen. Zwar gelang ihm 1937 mit der fünften Symphonie eine offizielle Rehabilitierung, aber die Todesangst begleitete ihn sein ganzes weiteres Leben.

Das 2. Klavierkonzert entstand 1957 – als ich das Stück das erste Mal gehört habe, mochte ich das nicht glauben. Ich hätte es glatt in das 19. Jh. datiert. In seiner neoklassizistischen Ästhetik wirkt es tatsächlich wie aus der Zeit gefallen.

Auf jeden Fall ist das Andante ist ein großartiges lyrisches Stück, auch wenn Schostakowitsch selber darüber urteilt: „Ich komponiere schlecht. Ich habe ein Klavierkonzert beendet, das keinerlei künstlerische oder ideelle Werte besitzt."

Playlist 10: Werke für Violine und Orchester

10	Werke für Violine und Orchester	
Nr.	Titel	Werkverzeichnis
1	Bach: Konzert für 2 Violinen, 2. Satz	BWV 1043
2	Beethoven: Violinkonzert, 2. Satz Larghetto	op. 61
3	Mozart: Violinkonzert Nr. 3, 2. Satz	KV 216
4	Mendelssohn: Violinkonzert, 2. Satz Andante	op. 64
5	Vivaldi: 2. Satz Andante „il favorito"	RV 277
6	Massenet: Thaîs Meditation	
7	Dvořák: Romance F-moll	op. 11
8	Bruch: Violinkonzert, 2. Satz Adagio	op. 26
9	Brahms: Violinkonzert, 2. Satz	op. 77
10	Bach: Largo aus Concerto, transcribed von BWV 1056	BWV 1056

Für mich ist der zweite Satz des Konzerts von Bach mit dem innigen Zwiegespräch der beiden Violinen eines der schönsten Stücke überhaupt. Die Violinen scheinen über dem Orchester zu schweben. In dem Film „Gottes vergessene Kinder" versucht der Schauspieler William Hurt vergeblich, seiner taubstummen Schülerin diese großartige Musik vorzutanzen. Diese Musik muss man einfach hören und genießen …

Dann noch einmal Bach: Das Largo aus seinem Violinkonzert als Transkription des Cellokonzerts BWV 1056 weist für mich eine ähnlich schwebende Grazie auf wie das Konzert für 2 Violinen. Ein herrlich beruhigender Gesang der Violine, begleitet von einem zarten Pizzicato der Streicher …

Beethoven hat nur ein einziges Violinkonzert komponiert (zuvor allerdings schrieb er noch zwei wunderschöne Romanzen für Violine und Orchester, nämlich op. 40 und op. 50), und bei seiner Uraufführung 1806 stieß es auf keine große Begeisterung; zu monumental und neuartig kam das Konzert den Zuhörern daher.

Erst 17 Jahre nach Beethovens Tod trat es seinen Siegeszug nach einer Aufführung unter Mendelssohn und dem größten Geiger des 19. Jahrhunderts, Joseph Joachim, an; dieser war damals erst 13 Jahre alt. Joachim sollte später sowohl Brahms als auch Bruch bei der Fertigstellung ihrer Violinkonzerte beraten. Warum erst diese späte Würdigung des Violinkonzerts? Nun, offensichtlich war es dem Publikum zu modern, wie man aus der folgenden Rezension aus dem Januar 1807 entnehmen kann: „Die Musik könne sobald dahin kommen, dass jeder, der nicht genau mit den Regeln und Schwierigkeiten der Kunst vertraut ist, schlechterdings gar keinen Genuß bey ihr finde, sondern durch eine Menge unzusammenhängender und überhäufter Ideen und einen fortwährenden Tumult einiger Instrumente, die den Eingang charakterisiren sollten, zu Boden gedrückt, nur mit einem unangenehmen Gefühl der Ermattung das Koncert verlasse." (Zitat des Wiener Kritikers Möser, aus der Theater-Zeitung)

Gott sei Dank hat sich Beethoven, der zum einen seiner Zeit weit voraus war und zum anderen mit einer gehörigen Portion Selbstbewusstsein ausgestattet war, sich von solchen Kritiken nicht aus der Bahn werfen lassen.

Manchmal kann ein Werk auch einfach zu beliebt sein – sehr zum Ärger beispielsweise von Max Bruch. Denn alle Welt interessierte sich nur für dessen erstes Violinkonzert , weil es derart aus seinem restlichen Schaffen herausragt. Er war verärgert darüber, dass die Geiger es seinen anderen Konzerten immer vorzogen; dabei fand er persönlich seine beiden anderen Violinkonzerte mindestens genauso gut. Ich finde, zumindest das zweite Violinkonzert ist es wert, angehört zu werden, aber es wird seinen Ruf als Ein-Werk-Komponist wohl auch nicht ändern können: Zu übermächtig ist die Schönheit des ersten Violinkonzerts in g-moll und vor allem des wunderbar lyrischen Mittelsatzes.

Die Méditation ist ein Violinsolo mit Orchesterbegleitung, das Massenet zwischen die beiden Bilder des zweiten Aktes seiner Oper ‚Thaïs‘ gestellt hatte. Es symbolisiert das Aufkeimen der christlichen Läuterung in der Seele der Thaïs. Der erste, der die Wirkung dieses Stückes erkannte, war der Soloflötist der Pariser Oper Paul Taffanel. Er brachte gleich nach der Uraufführung eine Bearbeitung für Flöte und Klavier heraus, noch bevor seine Geigerkollegen reagierten. Mittlerweile ist die ‚Méditation‘ eines der beliebtesten Stücke für Violine überhaupt.

Ein Meilenstein der Musikliteratur – nicht nur für Violine, sondern generell der klassischen Musikliteratur – ist das Violinkonzert in e-moll von Mendelssohn. Oft gehört, verliert es meines Erachtens auch nach dem hundertsten Hören nichts von seiner Wirkung. Fast sechs Jahre feilte der Perfektionist Mendelssohn an seinem Konzert, nachdem er 1838 in Leipzig den Posten eines Generalmusikdirektors angenommen hatte und seinem Freund, dem Geiger Ferdinand David, versprochen hatte ein Violinkonzert zu schreiben. Wunderbare filigrane fließende Melodien faszinieren vom ersten Takt an: ein wirklich perfektes Konzert!

Mendelssohn hatte übrigens eine Schwester namens Fanny, die nicht minder musikalisch begabt war, aber unter dem übermächtigen Schatten ihres Bruders stand und dazu als Frau in der damaligen Zeit keine Chance hatte, als Komponistin Gehör zu finden. Ihr ganzes Leben lang blieb ihr die Anerkennung verwehrt, und erst im Alter von 40 Jahren wagte sie es, ein Werk gegen den Willen ihres jüngeren Bruders Felix zu veröffentlichen.

Vereinzelt finden mittlerweile einige Stücke von ihr (meist Kammermusik oder Klavierstücke) Eingang in die Konzertsäle. Heute gilt sie als bedeutendste Komponistin des 19. Jahrhunderts. Angeblich hat Mendelssohn den frühen und plötzlichen Tod seiner Schwester Fanny im Jahr 1847 nicht verwunden und verstarb im gleichen Jahr.

Weil Brahms die Geige als Instrument nicht beherrschte, ließ er sich von dem bekanntesten Geiger der damaligen Zeit, Joseph Joachim, beraten und rang mit ihm um den Violinpart, dem man angeblich zu sehr anmerkte, dass er von einem Pianisten geschrieben worden war. Herausgekommen ist auf jeden Fall etwas Großartiges ... im zweiten Satz beginnt die Geige und führt durch den gesamten Satz. Hier kann der Solist sein Instrument singen lassen ...

Damals wartete die Musikwelt mit Spannung auf sein Violinkonzert, ob es gegen die großen Konzerte von Beethoven und Mendelssohn bestehen könnte. Von der Anlage her ist es aber weniger ein Violinkonzert, sondern viel eher ein Konzert für Violine und Orchester. Damit ist gemeint, dass der Violinpart sehr viel mehr in das Orchester integriert ist als bei seinen berühmten Vorgängern; teilweise hat man regelrecht das Gefühl, die Violine müsse sich gegen das Orchester behaupten (übrigens kann man Ähnliches auch analog von den beiden Klavierkonzerten behaupten).

Antonin Dvořák (1841 – 1904)

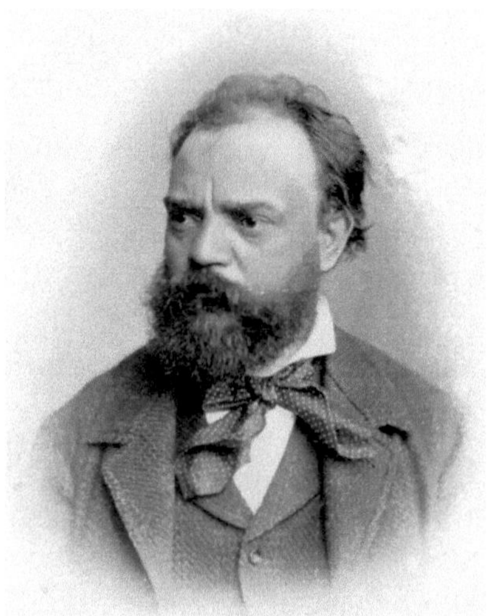

Dvořák war ein böhmischer Komponist aus Österreich-Ungarn. Seine Liebe zur Musik und zu den Streichinstrumenten musste sich der Sohn eines Gastwirts aus Mittelböhmen förmlich erstreiten. Für den Vater musste er die Viehherden über die Weide treiben, während er das Geigenspielen eher nebenher lernte.

Zunächst spielte er jahrelang als Orchestermusiker, bis er im Alter von 30 Jahren seine Stelle kündigte und sich dem Komponieren widmete. 1892 trat Dvořák eine gut dotierte Stelle als Direktor des National Conservatory of Music in New York an, wo er einige seiner bekanntesten Werke, u. a. die Sinfonie Nr. 9 (Aus der Neuen Welt) komponierte. Seine Romance in f-moll hat einen volksliedhaften Charakter mit einem wunderschönen Seitenthema.

<h1 align="center">Antonio Vivaldi (1678 – 1741)</h1>

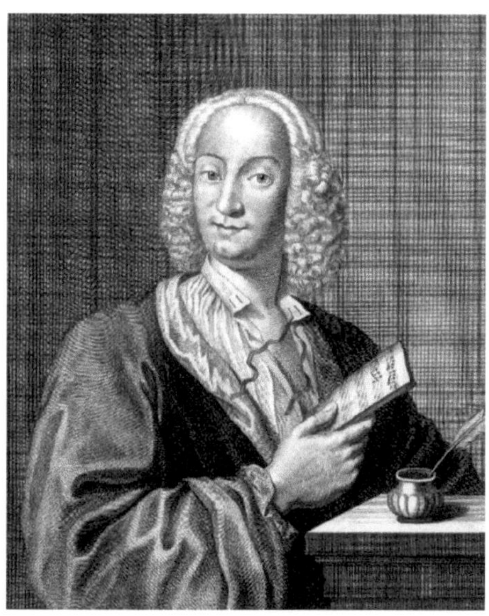

Der „prete rosso", der „rote Priester" wurde er genannt. Denn bevor Antonio Vivaldi ein berühmter Komponist wurde, war er zum Priester geweiht worden. Außerdem hatte er feuerrote Haare; vielleicht hat Vivaldi auch deshalb seine Haare manchmal unter einer Perücke versteckt. Hunderte von Violinkonzerten hat er geschrieben, und der Vorwurf hängt ihm nach, die Konzerte klängen alle irgendwie ähnlich. Der Idee nach sei er ein Vorläufer der Minimal Music, in der die einfachsten Spielfiguren im gleichförmigsten Rhythmus zig-mal wiederholt werden: Wer einen Takt kennt, kennt auch die nächsten acht. Die relativ gleichbleibenden musikalischen Strickmuster des Venezianers hatten Igor Strawinsky angeblich zu der spitzzüngigen Unterstellung provoziert, der populäre kollegiale Vorfahre habe „ein einziges Stück komponiert, dieses aber über sechshundert Mal". Sicher ist an der Behauptung etwas dran, aber neben den herausragenden und berühmten ‚Vier Jahreszeiten' sind durchaus Perlen unter den Violinkonzerten zu finden. Ein sehr gutes Beispiel ist – wie ich finde – der langsame Satz aus dem Konzert RV277 mit dem Beinamen „Il favorito" hier in dieser Liste.

Übrigens: Was beim Klavier der Steinway Flügel, ist die Stradivari bei den Violinen. Fast jeder bekannte Geigenvirtuose besitzt eine Stradivari. Anne-Sophie Mutter sogar zwei, die Emiliani (gebaut 1703) und die Lord Dunn-Raven (gebaut 1710). Beide stammen somit aus der sogenannten „goldenen Periode" Stradivaris. Die Emiliani spielte sie vor allem bei den Aufnahmen mit Karajan, die Lord Dunn-Raven ist ihre derzeit bevorzugte Konzertvioline. Gut 600 Instrumente sind von Stradivari noch erhalten, für eine solche Violine bezahlt man locker zwischen 3 und 7 Mio. Euro. Ein Beispiel für die geradezu märchenhafte Wertsteigerung echter Stradivari Geigen liefert z. B. die berühmte „Lady Blunt", die 1871 bei Sotheby's für umgerechnet ca. 200.000 USD versteigert wurde und bei der Versteigerung 2011 die sagenhafte Summe von 15,9 Millionen USD erzielte.

Der legendäre Klang soll Untersuchungen zufolge seine Ursache in der (geringeren) Dichte des damals verwendeten Holzes haben, andere Untersuchungen machen dafür die verwendeten Lacke verantwortlich. Anders ausgedrückt: So ganz genau weiß man es immer noch nicht.

Oft sind diese Geigen aber auch im Besitz von öffentlichen Einrichtungen (wie der Österreichischen Nationalbank), die diese Instrumente an die Musiker verleihen. Zahlreiche Geschichten ranken sich um die Stradivari-Geigen: Auch Napoleon soll eine besessen haben (die sogenannte „Molitor"), die den Namen eines Generals aus seiner Armee trägt. Im Jahr 2012 vergaß ein zerstreuter Reisender seine Stradivari in der Schweizer S-Bahn; 2016 eine Violinistin ihre 2,4 Millionen Euro teure Stradivari im Regionalexpress! Oft waren die teuren Geigen auch Opfer von Diebstählen geworden: Die „Gibson ex Huberman" wurde dem Geiger Huberman am 28. Februar 1936 in der Carnegie Hall gestohlen, während er Bachs Concerto in E-Dur auf seiner zweiten Meistergeige spielte. Der Dieb schlich in die Künstlergarderobe, konnte unbehelligt mit der Stradivari entkommen und trat als Zigeunergeiger in dem benachbarten Club „The Russian Bear" auf. Erst 1987 – zwei Jahre nach seinem Tod und über 50 Jahre nach dem Diebstahl – gaben die Witwe und seine Tochter die Geige gegen Finderlohn zurück.

5. Kammermusik

Playlist 11: Kammermusik	
Nr.	**Titel**	**Werkverzeichnis**
1	Schubert: Adagio aus Streichquintett	D956
2	Mozart: Adagio aus Streichquintett Nr. 4	KV 516
3	Schumann: Andante cantabile aus Streichquartett	op. 47
4	Schubert: Klaviertrio "Notturno"	D897
5	Schubert: Andante con moto aus Streichquartett "Der Tod und das Mädchen"	D810
6	Schubert: Andante con moto aus Klaviertrio Nr. 2	D929
7	Beethoven: Adagio molto espressivo aus Streichquartett Nr. 13	op. 130
8	Brahms: Adagio aus Klarinettenquintett	op. 115
9	Dvořák: Larghetto aus Romantische Stücke	op. 75
10	Rachmaninoff: 3. Satz Andante aus der Cellosonate	op. 19

Das Adagio aus dem Streichquintett von Schubert ist ein wahrhaft monumentaler Satz, fast 16 Minuten lang. Überhaupt Schubert: Er ist aus meiner Sicht, was Kammermusik angeht, einfach der Größte. Das Streichquintett ist eines seiner letzten Werke aus seinem Todesjahr 1828. Doch wenn man dieses Stück hört, hat man nicht das Gefühl, dass Schubert den nahen Tod gespürt hat, sondern eher das Leben.

Das Adagio aus dem Klaviertrio D897, das sogenannte „Notturno", entstand 1827 oder 1828 sozusagen in der direkten Nachbarschaft seiner beiden Klaviertrios als ein einzelnes Adagio für Klavier, Violine und Violoncello. Es ist nicht genau geklärt, ob es sich um ein Fragment eines verlorengegangenen Trios handelt, oder ob es ein „Abfallprodukt" der beiden Trios ist, welches nicht mehr benötigt wurde.

Der Name des Streichquartetts ‚Der Tod und das Mädchen' geht auf das gleichnamige Gedicht von Matthias Claudius zurück. Der Tod in Gestalt eines Gerippes tritt einem jungen Mädchen entgegen, das ihn verzweifelt anfleht sie zu verschonen:

Das Mädchen:
„Vorüber! Ach vorüber!
Geh wilder Knochenmann!
Ich bin noch jung, geh Lieber!
Und rühre mich nicht an."

Der Tod:
„Gib deine Hand, du schön und zart Gebild!
Bin Freund, und komme nicht, zu strafen:
Sei gutes Muts! ich bin nicht wild,
Sollst sanft in meinen Armen schlafen."

Die Spannung zwischen Leben und Tod, Jugend und Vergänglichkeit erfuhr Schubert im Entstehungsjahr 1824 am eigenen Leibe, als er mit der Diagnose seiner todbringenden Krankheit Syphilis konfrontiert wurde, den ersten Schub hatte und er sicherlich schon ahnte, dass er nicht mehr lange zu leben haben sollte.

Das melancholische Thema des Andante con moto aus dem Klaviertrio Nr. 2 von Schumann wird vom Cello vorgetragen, untermalt von Staccatoklängen des Klaviers. Er beschrieb diesen Satz als einen „Seufzer, der sich bis zur Herzensangst steigern möchte". Das Thema erinnert stark an Schuberts Winterreise, die ebenfalls Ende 1827 entstand.

Vielleicht teilt sich Schubert doch den Olymp der Kammermusik mit Mozart und Beethoven: Das Adagio aus dem Streichquartett in g-moll von Mozart ist ebenfalls ein wahrhaft vollendetes Werk seiner Gattung aus dem Jahr 1787. Stellenweise wirkt das Quintett wie eine Meditation über den Tod; vor allem der erste Satz ist ein gewaltiger Klagegesang. Im Adagio lotet Mozart in Bezug auf Harmonik und Klang quasi die Grenzen seiner Zeit aus.

Der fünfte Satz aus Beethovens Streichquartett ist eine lyrische Cavatine (also eine Art sanfte, lyrische Gesangsarie). Karl Holz – ein Wegbegleiter Beethovens – berichtete, dass dieser Satz (welcher sich übrigens als eines von mehreren Musikstücken auf der Voyager Golden Record an Bord der 1977 gestarteten Raumsonde Voyager 2 befindet) für Beethoven die „Krone aller Quartettsätze und sein Lieblingsstück" war: „Er hat sie wirklicher unter Thränen der Wehmuth komponirt, und gestand mir, dass noch nie seine eigene Musik einen solchen Eindruck auf ihn hervorgebracht habe, und dass selbst das Zurückempfinden dieses Stückes, ihm immer neue Thränen koste".

Brahms Klarinettenquintett: Über dem schwebenden Klang der Streicher entfaltet sich in fast meditativer Ruhe die Klarinettenmelodie. Ein Spätwerk von Brahms, das seine ganze Meisterschaft in seiner Harmonik und seinem romantischen Klang zeigt. Eigentlich hatte er seinem Verleger schon erklärt, dass er nicht mehr komponieren wolle. Aber dann lernte er Richard Mühlfeld kennen, den renommiertesten Klarinettisten seiner Zeit, dessen betörendes Spiel ihn gleich zu mehreren Werken inspirierte6..

Dvořáks Larghetto stammt aus den romantischen Stücken op. 75, über die er selber seinem Verleger Fritz Simrock 1887 geschrieben hat: „Sie sind freilich mehr für Dilettanten gedacht, aber haben Beethoven und Schumann nicht auch einmal mit ganz kleinen Mitteln geschrieben?" Damit wollte er wohl die scheinbare Anspruchslosigkeit dieses Zyklus zum Ausdruck bringen, den er unter dem Titel ‚Drobnosti' („Kleinigkeiten") zunächst veröffentlicht hatte. Naja, hier hat er wohl sehr tief gestapelt für diese delikaten Stimmungsbilder …

Rachmaninoff widmete seine Cellosonate op. 19 ebenfalls seinem Psychiater Dr. Dahl (so wie auch das 2. Klavierkonzert), der ihm geholfen hatte, nach mehreren Jahren der Depression wieder zurückzufinden zum Komponieren. Da der Arzt ein passabler Amateurcellist war, ist der Cellopart ungleich einfacher als der technisch sehr anspruchsvolle Klavierpart. Trotz dieser „Unwucht" ist die Cellosonate wie das Klavierkonzert ein wunderschönes Zeugnis seines emotionalen romantischen Schaffens und überdies ein zentrales Werk der Celloliteratur.

6. Sinfonische Musik

Playlist 12: Sinfonische Musik	
Nr.	Titel	Werkverzeichnis
1	Grieg: Peer Gynt Suite Nr. 1 „Morgenstimmung"	op. 46
2	Bach: „Air" aus Suite Nr. 3	BWV 1068
3	Mahler: Adagietto aus Symphonie Nr. 5	
4	Beethoven: Sinfonie Nr. 9, 3. Satz	Op. 125
5	Beethoven: 5. Satz Allegretto aus Symphonie Nr. 6, „Pastorale"	Op. 68
6	Dvořák: 2. Satz Largo aus Symphonie Nr. 9	Op.95
7	Elgar: 9. Variation „Nimrod" aus den Enigma Variationen	op. 36
8	Mozart: 2. Satz Andante moderato aus Symphonie Nr. 36	KV 425
9	Schubert: 2. Satz aus der 8. Symphonie („Unvollendete")	D 759
10	Richard Wagner: Vorspiel aus Lohengrin	WWV 75

Die ‚Morgenstimmung' aus der Peer Gynt Suite von Grieg ist auch ein Liebling der Werbung und Filmmusik: Praktisch jeder, der diese Musik hört, denkt an einen klaren Gebirgsbach oder See, wo die Natur mit sich im Reinen ist ... es ist damit eines der bekanntesten Stücke der Klassik und zum Inbegriff der norwegischen Musik überhaupt geworden. Dabei hat Grieg die ‚Morgenstimmung' als Vorspiel zum 4. Akt des Dramas von Henrik Ibsen komponiert zur Untermalung eines Sonnenaufgangs in Afrika.

Wenn ich das ‚Air' von Bach höre und dafür ein Wort nennen sollte, das diese Musik beschreibt, würde mir als erstes das Wort „erhaben" in den Sinn kommen. Eine wahrhaft zeitlose Musik, die seit Jahrhunderten gerne gehört und gespielt wird (und ich wage die Behauptung, dass dies auch noch in Jahrhunderten so sein wird).

<h1 style="text-align:center">Gustav Mahler (1860 – 1911)</h1>

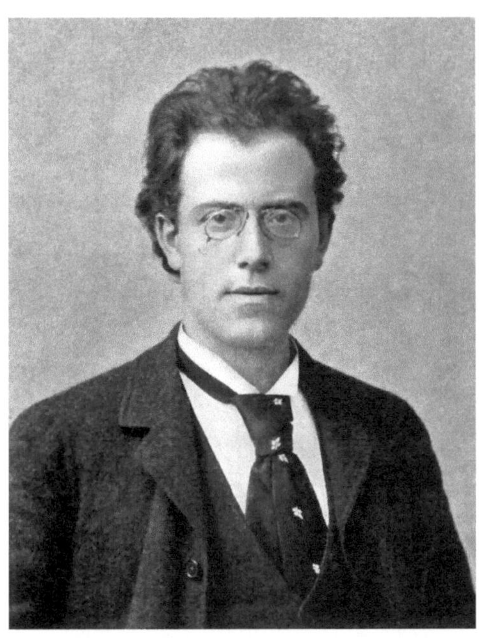

Das Adagietto wurde jahrzehntelang so gut wie gar nicht aufgeführt, aber nachdem es in Viscontis Film „Tod in Venedig" 1971 als Filmmusik verwendet wurde, um den tragischen Tod des Malers Aschenbach am Lido, dem Strand von Venedig zu untermalen, wurde es quasi zum Hit. Dabei hatte Mahler zu Lebzeiten schon gewettert, „niemand verstehe diese verfluchte 5. Sinfonie", aber so erfuhr sie durch den Film quasi ihre Wiederauferstehung – so wie Mahler, der die 5. Sinfonie nach einem gesundheitlichen Zusammenbruch, die beinahe zum Tode führte, komponierte.

In der Sinfonie Nr. 6 von Beethoven, der ‚Pastorale', hat er die Eindrücke eines Menschen in pastoraler (d. h. ländlicher) Umgebung – also der Natur – nachgeahmt: Vogelrufe, das Plätschern eines Baches, ein Gewitter – er beschrieb die Sinfonie denn auch als „mehr Ausdruck der Empfindung als Malerei". So heißt der 5. Satz ‚Hirtengesang-Frohe und dankbare Gefühle nach dem Sturm'. Damit öffnete Beethoven quasi das Feld für Programmmusik, d. h. für Musik, die lautmalerisch z. B.

eine Vorstellung von Bildern zu instrumentieren versucht. Beethoven selber hat dazu ausgeführt: „Man überlässt es dem Zuhörer, die Situationen auszufinden." Genau!

Die Uraufführung der 6. Sinfonie war im Dezember 1808 im Theater in Wien – zusammen mit Beethovens 5. Sinfonie, seinem 4. Klavierkonzert, einer Arie, zwei Teilen einer Messe – und obendrein kam noch die Chorfantasie zur Aufführung. Zuerst erklang die Pastorale-Sinfonie, und nicht alle Zuhörer, wie überliefert ist, waren davon begeistert, der vier Stunden lang währenden Aufführung bei Eiseskälte im Theater beiwohnen zu dürfen. Dazu kam noch, dass das Orchester unzulänglich geprobt hatte und Beethoven, der den Klavierpart des 4. Klavierkonzerts höchst selbst spielte, durch seinen fortschreitenden Hörverlust ebenfalls schlecht spielte – es war übrigens sein letzter Auftritt als Pianist. Wenn ich hier nochmal an das Vorwort erinnern darf: Selbst diese wahrhaftig großartige Musik, dargeboten in einem kalten Theater über den Zeitraum von vier Stunden, kann sicherlich nur mit Mühe als Meisterwerk aufgenommen werden.

Von Dvořák hatten wir ja schon im vorherigen Kapitel gehört, dass er eine Stelle in New York angenommen hatte. Hier schrieb er seine 9. Sinfonie ‚Aus der neuen Welt'. Aber ob darin tatsächlich Einflüsse und Melodien aus dem amerikanischen Kontinent Eingang gefunden haben, kann man nicht unbedingt nachvollziehen. Er selbst hat dazu ganz ehrlich in einem Interview Stellung bezogen: „Ich studierte sorgfältig eine gewisse Zahl indianischer Melodien, die mir ein Freund gab, und war vollständig erfüllt von ihren Eigenschaften – von ihrem Geiste. Diesen Geist habe ich in meiner neuen Sinfonie zu reproduzieren versucht, ohne die Melodien tatsächlich zu verwenden."

Wie auch immer, es ist großartige Musik, die Dvořák da geschrieben hat, und völlig zu Recht ist diese Sinfonie seit ihrer Uraufführung 1893 in der New Yorker Carnegie Hall ein grandioser Erfolg. Das Largo ist übrigens von einer indianischen Totenklage inspiriert worden. Die ergreifende Melodie wird von einem Englischhorn in geradezu majestätischer Ruhe ausgebreitet.

Die Enigma-Variationen von Edward Elgar stammen ungefähr aus dem gleichen Zeitraum wie die Sinfonie ‚Aus der neuen Welt'. Die Idee zu den ‚Variationen über ein Originalthema‘, so der ursprüngliche Titel des Werks, war Elgar spontan beim Improvisieren am Klavier gekommen. Er hatte die Variationen mit den Spitznamen seiner Freunde überschrieben und sich dabei vorgestellt, wie der jeweilige Freund – wenn der denn komponieren könnte – wohl die jeweilige Variation geschrieben hätte (in ‚Nimrod‘ ist dabei sein Freund und Förderer August Jaeger verewigt worden). Elgars bis dahin – na, sagen wir übersichtlicher Bekanntheitsgrad stieg danach beträchtlich. Manche gehen so weit, die Uraufführung 1898 als Geburtsstunde des ersten symphonischen Meisterwerks englischer Herkunft zu bezeichnen.

Die ‚Nimrod‘-Variation erklingt beispielsweise zum Ende des Spielfilms Australia (aus dem Jahr 2008 mit Nicole Kidman und Hugh Jackman) oder auch im Historienfilm Elizabeth (aus dem Jahr 1998 mit Cate Blanchett in der Hauptrolle).

Ja, und schon wieder Mozart: er hat wirklich in allen Disziplinen absolute Meisterwerke aufzuweisen. Und ähnlich wie Schubert (dessen ‚Unvollendete Symphonie‘ in der Liste folgt) hat er in seinen 35 Lebensjahren (Schubert sogar nur 31 Jahren) so unglaublich viel komponiert (sein Gesamtwerk umfasst mehr als 1.000 Titel), dass man sich tatsächlich heute noch fragt, wie er das überhaupt schaffen konnte in so kurzer Zeit. Durch den umfangreichen Schriftwechsel von Mozart selber und seiner Familie lässt sich dies auch tatsächlich ganz gut rekonstruieren. Nun gut, er hat im Alter von 5 Jahren, während unsereins sich gerade mit dem Erlernen der Buchstaben beschäftigte, auch schon angefangen zu komponieren. Allein im Jahr 1784 komponierte er u. a. 6 Klavierkonzerte (nämlich die Konzerte Nr. 14 bis 19)!

In der Sinfonie Nr. 36 (auch die ‚Linzer-Sinfonie‘ genannt) verwendete Mozart zum ersten Mal in einem langsamen Sinfonie-Satz auch Pauken und Trompeten, wodurch der ohnehin schon pastorale Charakter eine zusätzliche, feierliche Note bekam. Dieser Satz steht eigentlich nur stellvertretend für sein umfangreiches sinfonisches Werk. Aus den über 40 Sinfonien hätte ich in diese Liste noch sehr viel mehr aufnehmen können …

Die zwei Sätze der ‚Unvollendeten Sinfonie‘ von Schubert wurden 1822 komponiert – eine „normale“ Sinfonie bestand aus vier Sätzen. Er

kündigte damals seinen Schuldienst und lebte in einer Wohngemein-
schaft; seine Syphilis-Erkrankung brach aus, und er war notorisch
pleite. Trotzdem arbeitete er wie besessen. Es gibt zwar einige Skizzen
für einen dritten Satz, aber offensichtlich hatte Schubert keinen großen
Ehrgeiz, weitere Sätze zu schreiben. Erst 37 Jahre nach Schuberts Tod
erlebte seine Symphonie ihre Uraufführung und feierte schon damals
einen sensationellen Erfolg. Es gab – angefangen zu seinem 100. To-
destag im Jahr 1928 – zahlreiche Wettbewerbe und Versuche, die zwei
zu einer „normalen" Symphonie fehlenden Sätze zu ergänzen, aber
(man muss schon sagen natürlich) kommen alle diese Versuche nicht
an die großartigen zwei Sätze des Originals heran. Mein Vorschlag
wäre dann auch, es einfach dabei zu belassen und sich stattdessen zu
freuen, dass uns Schubert diese wunderbare, aber halt nur 2-sätzige
Sinfonie geschenkt hat.

Richard Wagner (1813 – 1883)

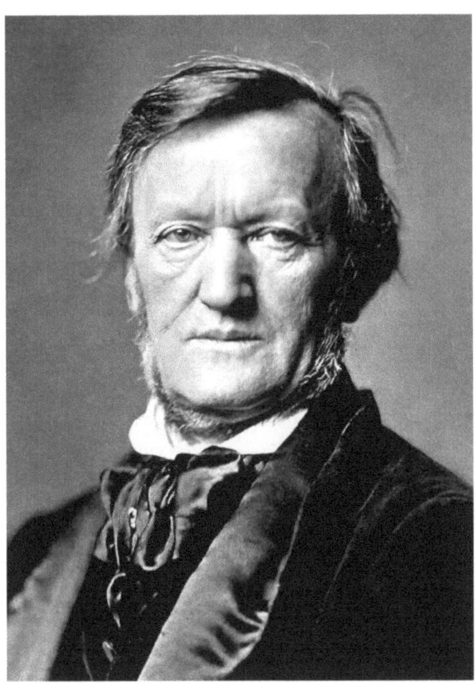

Er stammte aus kleinen Verhältnissen (sein Vater war bei der Polizei, seine Mutter eine Bäckerstochter), aber er stand am Ende seines Lebens als genialer Erneuerer der Oper in den Geschichtsbüchern und verkehrte mit Königen und Kaisern – wie dem bayrischen König Ludwig II., der ein glühender Verehrer seiner Musik war.

Wagner wurde 1813 in Leipzig geboren, genau in dem Jahr, in dem 5 Monate später die Völkerschlacht tobte, in der Napoleon gegen die preußischen, österreichischen und russischen Truppen unterlag. In den Epidemien, die auf diese Schlacht mit über hunderttausend Toten folgten, verlor er seinen Vater, seine Schwester und die Großmutter. Seine (alleinerziehende) Mutter zog mit ihren acht (!) Kindern nach Dresden und heiratete den Schauspieler Ludwig Geyer, einen Freund der Familie, der den kleinen Richard oft ins Hoftheater mitnahm. Im Alter von 8 Jahren sah er zum ersten Mal Carl Maria von Webers Oper

‚Der Freischütz' und beschloss, ein Opernkomponist zu werden.

Mit 23 Jahren heiratete er die Schauspielerin Minna Planer. Wagner war kein guter Geschäftsmann und galt als schwierig im Umgang. Mehrmals in seinem Leben musste er fliehen, um seinen Gläubigern zu entgehen (von Leipzig nach Königsberg, von dort über London nach Paris, auch dort häufte er Schulden an und zog nach Dresden, von wo er wiederum nach der Mairevolution 1849 in die Schweiz floh). 1870 ehelicht er seine Geliebte Cosima von Bülow – eine Tochter des Komponisten und Pianisten Franz Liszt, die mit dem Dirigenten und Wagner-Bewunderer Hans von Bülow verheiratet war, mit der er bereits 3 gemeinsame Kinder hatte.

Man sieht, ein wahrhaft bewegtes Leben! Als Komponist stehen ihm – wie keinem anderen – entweder glühende Verehrer gegenüber oder Menschen, die wenig bis gar nichts mit seinen Opern anfangen können. Das mag vielleicht auch an den, gerade für heutige Zeit, extrem langen, mehrstündigen Opern liegen. Ich will an dieser Stelle darauf verzichten, die überkomplexe Handlung vom ‚Ring der Nibelungen' auszubreiten, Richard Wagners Hauptwerk, an dem er – mit Unterbrechungen – 26 Jahre arbeitete, und stattdessen nur kurz wiedergeben, um was es im Vorspiel zu Lohengrin geht: nämlich die Niederkunft des heiligen Grales, also des kostbaren Gefäßes, aus dem Jesus den letzten Abschiedsgruß trank und in welchem sein Blut am Kreuze aufgefangen wurde im Geleite einer Engelschar, um die Menschen zu Streitern für die ewige, unvergänglicher Liebe zu machen, als deren Quell der heilige Gral gilt. Ich weiß, dass den „Wagnerianer*innen" jetzt das Blut in den Adern gefriert, aber ich werde immer an Lohengrin erinnert, wenn ich die Trilogie „Jäger des verlorenen Schatzes" mit Harrison Ford in einer der häufigen Wiederholungen im Fernsehen sehe …

7. Opernarien

Playlist 13: Opernarien	
Nr.	Titel	Werkverzeichnis
1	Vincenco Bellini: asta diva aus der Oper „Norma"	
2	Umberto Giordano: La mamma morta aus „Andrea Chénier"	
3	Alfredo Catalani: „Ebben? Ne andro lontana" aus „La Wally"	
4	Giuseppe Verdi: Il Trovatore, 4. Akt, 1. Szene, „D'amor sull' ali Rosee"	
5	Giacomo Puccini: „Vissi d'arte" aus Tosca	
6	Giacomo Puccini: „E lucevan le stelle" aus Tosca	
7	Mozart: Duettino Sull'aria aus „Le nozze de figaro"	KV 492
8	Mozart: „Là ci darem la mano" aus Don Giovanni	
9	Donizetti: „O Giusto Cielo!" aus der Oper Lucia di Lammermoor	
10	Mozart: Arie der Königin der Nacht („Der Hölle Rache") aus der Zauberflöte	KV 620

Diese Liste hat erst spät Eingang gefunden in meine Musiksammlung. Ich gebe zu, ich konnte früher einfach nicht so viel anfangen mit Opern. Es war mir zu anstrengend, zwei Stunden oder mehr dem Gesang zuzuhören. Bis ich Anfang der 80er Jahre die Gelegenheit hatte, die großartige Arie ‚La Mamma morta' aus der Oper mit Andrea Chénier des italienischen Komponisten Umberto Giordano in der Wiener Staatsoper zu hören. Danach machte ich mich auf die Suche nach CDs mit den bekanntesten Opernarien, und fast zwangsläufig fiel mir eine Doppel-CD mit den schönsten Arien, gesungen von Maria Callas, in die Hände. Damit war meine Leidenschaft für Opernarien geboren – und noch heute halte ich den Aufnahmen der Callas, auch wenn sie teilweise geringere Tonqualität aufweisen, die Treue (wenngleich ich zugeben muss, dass auch die Aufnahmen der Neuzeit, z. B. von Anna Netrebko, sehr schön sind).

Die Handlung der Oper mit Andrea Chenier als Hauptakteur – einem Dichter – spielt zur Zeit der Französischen Revolution. Er gerät unter Verdacht, nicht hinter den Ideen der Revolution zu stehen. Sein Freund rät ihm zur Flucht. Doch er hat sich längst in die Grafentochter Madeleine verliebt. Schließlich wird er zum Tod verurteilt und verbringt im Gefängnis von St. Lazare seine letzten Stunden. Die Arie der Madeleine aus dem 3. Akt besteht aus zwei Teilen. Zu Beginn ist es eine bittere Anklage an die Grausamkeiten der Revolution, und zeugt von dem unsäglichen Schmerz, den der Tod der Mutter in ihr ausgelöst hat, und im zweiten Teil hören wir eine Liebeshymne an ihren Geliebten Andrea Chenier.

Vincenzo Bellini (1801 – 1835)

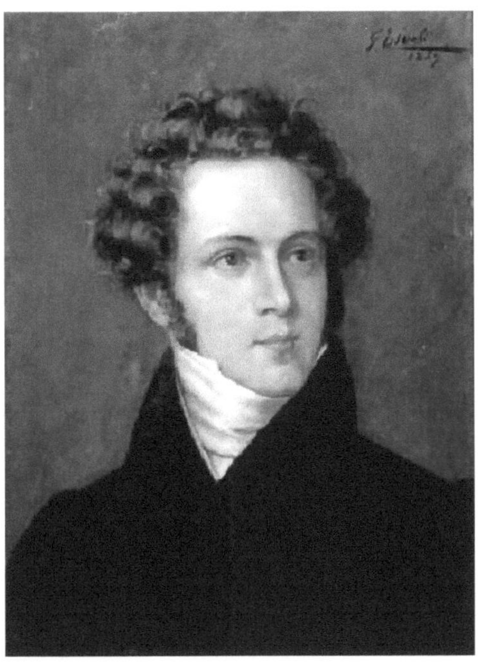

Eine absolute „Gänsehautaufnahme" ist auch die der Casta Diva aus der Oper ‚Norma' (natürlich unwiderstehlich schön gesungen von der Callas). Das berühmte Gebet der Oberpriesterin Norma an die Mondgöttin ist wohl eine der schönsten Arien überhaupt. Die Druiden-Hohepriesterin hat sich in einen römischen Konsul verliebt, mit dem sie zwei Kinder hat, die sie versteckt hält. Sie entdeckt, dass der Konsul sich in eine Novizin verliebt hat, aber statt sich zu rächen, sühnt sie selbst den Bruch ihres Keuschheitsgebots. Von solcher Liebe überwältigt, folgt ihr der Konsul Pollione in den Feuertod. Gut, das ist jetzt wirklich eine sehr knappe und unvollständige Zusammenfassung, aber es soll an dieser Stelle reichen. Diese Arie wurde zum Inbegriff des italienischen Bel Canto (Schöngesangs), der romantischen Gesangspartie.

Auch das nächste Stück ‚Ebben? Ne andro lontana' (auf deutsch etwa: „Nun gut, dann werde ich in die Ferne ziehen") war eine Paradepartie für die Callas. Die Oper spielt in den Bergen und handelt von Wally, der Tochter eines reichen Gutsherren, die den Verwalter Gellner heiraten soll, den sie aber nicht liebt (sondern stattdessen den Jäger Hagenbach). Der wiederum soll mit einer Wirtin aus Sölden verlobt sein, was Wally so erzürnt, dass sie von Gellner verlangt, Hagenbach zu töten. Im 3. Akt überlebt dieser einen Anschlag, und Wally gelingt es, ihn zu retten, aber für Wally und ihren Geliebten gibt es kein versöhnliches Ende. Die weltberühmte Arie aus dem 1. Akt ist in vielen Filmen zu hören, u. a. in dem Aids-Drama „Philadelphia" mit Tom Hanks in der Hauptrolle aus dem Jahr 1993.

Giuseppe Verdi (1813 – 1901)

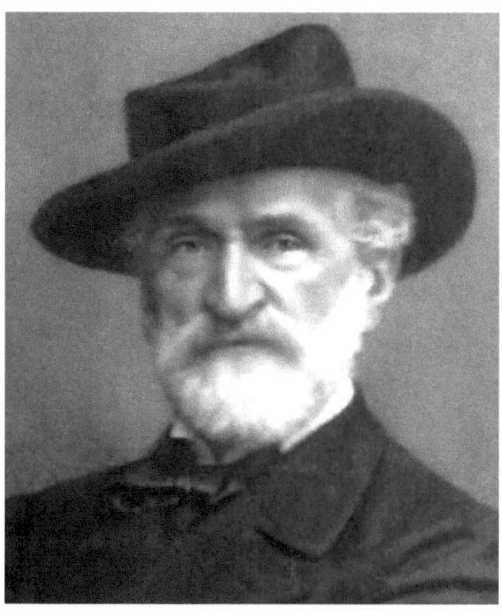

Die Oper ‚Il Trovatore' (Der Troubadour, also ein Dichter und Sänger) von Giuseppe Verdi spielt im Spanien des 15. Jahrhunderts. Der alte Graf von Aragon hatte zwei Söhne, von denen einer als Kleinkind von einer Zigeunerin mit einem Fluch belegt wurde, die dafür auf dem Scheiterhaufen verbrannt wurde. Deren Tochter Azucena raubte diesen Sohn, um den Tod ihrer Mutter zu rächen, tötete aber aus Versehen und im Wahn ihren eigenen Sohn und zog stattdessen den Sohn des Grafen auf – den Troubadour Manrico. So weit, so gut, ich will hier nicht die ganze verschlungene Handlung nacherzählen, aber die Arie aus 4. Akt ist auch eine absolute Perle der Opernmusik. Natürlich kann man unschwer nur aus den Opern von Verdi eine ganze Liste hinbekommen – ‚Nabucco', ‚Rigoletto', ‚Aida', und vor allem ‚La traviata' sind einige seiner berühmtesten Werke. Neben den vielen Opern, an denen er – nach eigenen Worten – wie ein Berserker schuftete, um seinen Lebensunterhalt zu verdienen und sein Landgut Sant' Agata zu finanzieren, soll er ca. 35.000 Briefe geschrieben haben. In Mailand kann man übrigens immer noch das von ihm gestiftete Altersheim „Casa Verdi" für Sänger und Musiker besichtigen, in dessen Gruft er beigesetzt ist.

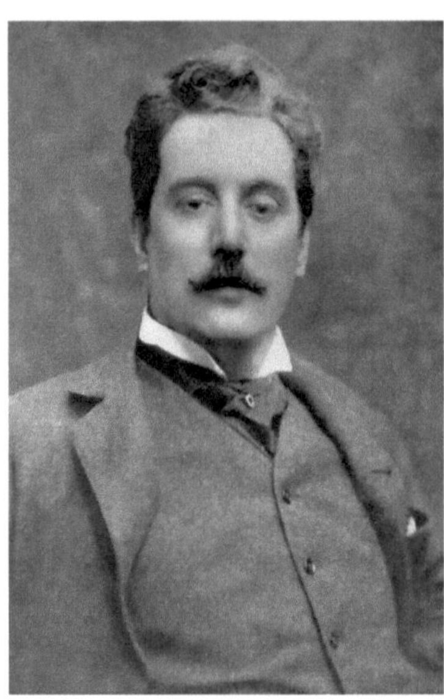

Giacomo Puccini (1858 – 1924)

Puccini ist ebenfalls ein Titan der Opernliteratur: ‚La bohème‘ und ‚Turandot‘ sind neben ‚Tosca‘ seine bekanntesten Werke. Der frühe Erfolg seiner Werke verhalf ihm zu Wohlstand, mit dem der Lebemann Puccini vor allem schnelle Autos und Motorboote finanzieren konnte.

Aus Puccinis Oper ‚Tosca‘ sind gleich 2 Stücke in der Liste: ‚Vissi d'arte‘ (Ich lebte für die Kunst) und ‚E lucevan le stelle‘ (Und es leuchteten die Sterne). Auch hier ein paar Worte zum Hintergrund: Die Oper spielt um 1800 in Rom. Ein politischer Gefangener ist aus der Engelsburg in eine Kirche geflohen, in der sein Freund, der Maler Cavaradossi, ein Bildnis nach einer unbekannten Schönheit malt. In seiner Geliebten, der Sängerin Floria Tosca, entflammt die Eifersucht, als sie in dem Bild die schöne Gräfin Attavanti erkennt. Der Polizeichef, Baron Scarpia, verfolgt Angelotti und trifft in der Kirche auf Tosca. Der Polizeichef lässt Cavaradossi foltern, bis Tosca das Versteck des Geflüchteten preisgibt. Dieser wiederum bringt sich um, um der Verhaftung zu entgehen, und als nächstes knöpft sich Scarpia den Maler vor. Tosca kann ihn retten, wenn sie sich ihm hingibt, und beklagt in der Arie ‚Vissi d'Arte‘ ihr Schicksal. Ihr gelingt es, Scarpia mit einem Dolch zu töten, aber ihr Geliebter Caravadossi wird schließlich auf der Engelsburg erschossen (obwohl Scarpia ihr vor seinem Tod zugesichert hatte, dass er nur zum Schein hingerichtet würde). Vor seiner Hinrichtung schreibt Caravadossi einen Abschiedsbrief an Tosca, und die Erinnerung an die gemeinsame Zeit besingt er in einer der beliebtesten Opernarien überhaupt, ‚E lucevan le stelle'. Als Tosca verhaftet werden soll, stürzt sie sich von der Engelsburg in den Tod. Zugegebenermaßen habe ich auch hier ein paar Details der Handlung weggelassen, aber ich hoffe, man hat eine grobe Vorstellung gewonnen, worum es in dieser weltbekannten Oper so ungefähr geht.

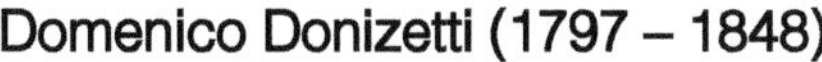

Domenico Donizetti (1797 – 1848)

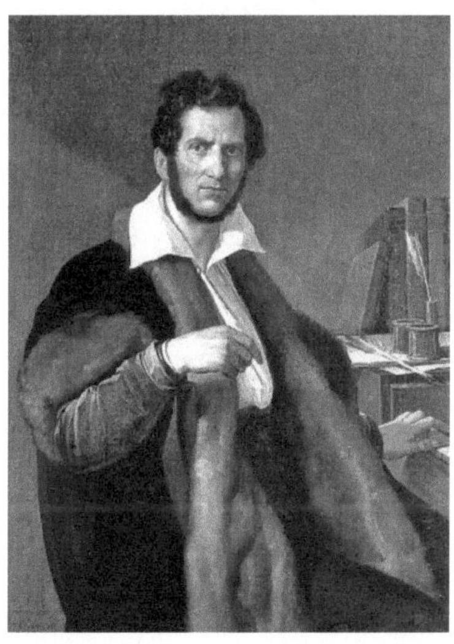

Neben Rossini und Bellini ist er einer der meistgehörten italienischen Opernkomponisten des Belcanto, also des wörtlich übersetzt „schönen Gesangs". Geschrieben hat er ca. 75 Opern, aber in den Konzertbühnen und Opernhäusern begegnet man zumeist dreien davon: ‚L'elisir d'amore', ‚Lucrezia Borge' und ‚Lucia di Lammermoor'. Letztere ist meine Lieblingsoper, sie handelt von zwei Liebenden aus verfeindeten Adelsfamilien Schottlands vor dem Hintergrund der Feindschaft zwischen Katholiken und Protestanten. Enrico erfährt, dass seine Schwester Lucia seinen Erzfeind Edgardo liebt. Dieser will Enrico um die Hand seiner Schwester Lucia bitten, aber Enrico will sie mit jemand anderem verheiraten. Auf der Hochzeitsfeier erscheint aber Lucia blutüberströmt mit einem Messer in der Hand und hat ihren Bräutigam erstochen. In Gedanken erlebt sie eine Trauung mit ihrem geliebten Edgardo – das ist der Moment der Wahnsinnsarie ‚Il dolce suono' („Der süße Klang"). Während Edgardo auf das Duell mit Enrico wartet, erfährt er, dass Lucia wahnsinnig geworden ist und folgt seiner Geliebten durch Selbstmord in den Tod. Absolut hörenswert aus dieser Oper ist auch die Arie der Lucia aus dem ersten Akt ‚Regnava nel silencio' („Er herrschte in der Stille").

Ein Klassiker unter den Opernarien ist natürlich auch die berühmte Arie der Königin der Nacht von Mozart („Der Hölle Rache kocht in meinem Herzen", deswegen auch oft als die „Rachearie" bezeichnet), in der die Königin ihre Tochter auffordert, Sarastro umzubringen. Sie führt mit dem hohen F in die höchsten Regionen des Stimmbereichs, und ist damit auch eine der schwersten Partien für Sopran.

Mozart hat die Arie in d-Moll gesetzt, welches in seinen Werken nur äußerst dramatischen Szenen vorbehalten ist (z. B. in Mozarts ‚Requiem'). Die Orchestereinleitung besteht lediglich aus einem forte d-Moll Akkord des ganzen Orchesters, der die düstere Atmosphäre gleich von Anfang definiert. Im aufgeregten Sprechgesang beginnt die Königin und kommt gleich auf den Punkt: Ihre Tochter Tamina soll Sarastro umbringen. Doch am besten erzähle ich die Handlung der Oper (die als eine der wenigen in deutscher Sprache gesungen wird) mal der Reihe nach.

Prinz Tamino verirrt sich auf der Flucht vor einer großen Schlange in das Reich der Königin der Nacht. Drei geheimnisvolle Damen retten den vor Schreck in Ohnmacht gefallenen Prinzen und bringen ihn zu der Königin. Sie zeigen ihm ein Bildnis von Pamina, der Tochter der Königin, und der Prinz verliebt sich auf der Stelle (Arie: „Dies Bildnis ist bezaubernd schön"). Er soll zusammen mit Papageno in die Burg des Hohepriesters Sarastro eindringen und Pamina retten, die von ihm geraubt wurde. Zur Unterstützung erhält Tamino eine Zauberflöte (und

Papageno ein Glockenspiel), mit dem man Einfluss auf das Gemüt von Mensch und Tier nehmen kann. Tamino wird von Sarastro entdeckt und muss diverse Prüfungen überstehen, damit Pamina seine Gemahlin werden kann. Die drei Damen erscheinen nochmals und beschwören Tamino und Papageno eindringlich, Sarastro nicht zu vertrauen. Die Königin der Nacht hingegen erscheint bei ihrer Tochter Pamina und erzählt ihr das Geheimnis vom siebenfachen Sonnenkreis, den Paminas Vater weggegeben hatte. Dafür will sie sich nun rächen und übergibt Pamina einen Dolch, mit dem sie Sarastro töten soll, um den Sonnenkreis und die damit verbundene Macht zurückgewinnen. (Genau an dieser Stelle kommt die Rachearie.) Als Pamina ablehnt, verflucht diese ihr eigenes Kind und verschwindet erbost.

Nun gut, um euch nicht unnötig auf die Folter zu spannen: Am Ende gibt es ein Happyend. Sarastro verbannt die Königin der Nacht und ihre drei Damen für immer aus seinem Reich. Zwar meint Pamina während der Prüfungen, die sie gemeinsam mit Tamino bestehen muss, dass er sie nicht mehr liebt und will sich schon mit dem Dolch umbringen (genau: mit dem Dolch, den ihr die Königin der Nacht gegeben hatte, um Sarastro umzubringen …), aber zu guter Letzt bringt Sarastro, der wohl doch nicht der Böse in der Geschichte ist, die beiden zusammen.

Zwei weitere Arien von Mozart befinden sich auf der Liste: ‚Là ci darem la mano' („Reich mir die Hand, mein Leben") aus der Oper ‚Don Giovanni' und das ‚Duettino Sull'aria' aus der Oper ‚Le nozze de figaro' („Die Hochzeit des Figaro").

Beides sind Duette, die erste Arie ist ein Duett für Bariton (Don Giovanni) und Sopran (Zerlina) in Akt 1, Szene 3. Don Giovanni ist sozusagen ein Fall für #MeToo, wie man heute sagen würde, ein Schürzenjäger aus Sevilla, der ohne Skrupel jede Frau, die ihm begegnet, zu verführen versucht. Darunter ist Donna Anna, die Tochter des Komturs. Dieser Komtur ist der Inbegriff von Sitte und Gerechtigkeit, der von Don Giovanni im Zweikampf getötet wird. Auf dem Friedhof lädt er den von ihm getöteten Komtur zum gemeinsamen Gastmahl ein. Als ihm der Komtur als Geist erscheint und versucht, Don Giovanni zur Reue und zur Umkehr zu bewegen, weist er den Ruf zur Buße und Reue mit 3-

maligem „Nein" zurück, und dafür verschlingen ihn die Flammen der Hölle.

In der Hochzeit des Figaro geht es, wie der Titel ja schon verrät, um die Hochzeit des Kammerdieners Figaro und der Zofe Susanna in einem Schloss in der Umgebung von Sevilla im ausgehenden 18. Jahrhundert. Aber der Hausherr – ein Graf – ist zu allem bereit, um die hübsche Braut zu verführen. Mit der Hilfe der Gräfin, die unter der Treulosigkeit ihres Gemahls leidet, wird ein Plan ausgeheckt, um die Avancen des Grafen zu vereiteln.

Aber die Dinge verkomplizieren sich, wenn die beiden Parteien versuchen, sich mit List und Tücke jeweils gegenseitig des Betrugs zu überführen. Am Ende bittet der Graf in einer inständigen, innigen Arie um Vergebung, und voilá kommt das Happyend: Die Hochzeit kann stattfinden!

Im Duettino aus dem 3. Akt ‚Sull aria-che soave zeffiretto' („In der Luft … welch süßer kleiner Zephir") der Gräfin und Susanna, ihrer Zofe, erzählt sie der Gräfin von ihrer Verabredung mit dem Grafen im Garten. Die Gräfin diktiert ihr einen Liebesbrief, den Susanna dem Grafen zustecken soll. Für mich eines der schönsten Duette – nicht nur von Mozart. Diese Arie hat einen großen Auftritt in dem Film „The Shawshank Redemption" (auf deutsch „Die Verurteilten") aus dem Jahr 1994. Erzählt wird die Geschichte von zwei lebenslänglich Verurteilten (mit dem großartigen Tim Robbins als Andy und Morgan Freeman als Red), die als Häftlinge den Repressalien der Wärter und des Gefängnisdirektors ausgeliefert sind. In dem wahrhaft trostlosen Umfeld bekommt Andy bei einer Lieferung alter Bücher und Schallplatten für die Gefängnisbibliothek die Gelegenheit, den Wärter auf der Toilette einzusperren und eine Schallplatte abzuspielen, und zwar so, dass sämtliche Lautsprecher im Gefängnis die Arie übertragen bis in den letzten Winkel des Gefängnisses. Die Insassen – unter denen sich viele hartgesottene und teilweise brutale lebenslänglich Verurteilte befinden – stehen wie gebannt und lauschen dem Gesang der Gräfin und ihrer Kammerzofe Susanna (in dem Fall gesungen von Edith Mathis und Gundula Janowitz). Zweifellos einer der berührendsten Momente dieses Films, wie ich finde …

8. Geistliche Musik

Playlist 14: Geistliche Musik		
Nr.	Titel	Werkverzeichnis
1	Pergolesi: Stabat mater	
2	Mozart: Ave verum corpus	KV 618
3	Vivaldi: Sovente il sole	RV 117, Arie 13
4	Händel: Dixit dominus , VII: de torrente in Via Bibet	HWV 232
5	Byrd: Messe für 5 Stimmen, V Agnus Dei	
6	Fauré: Requiem , iV Pie Jesu	op. 48
7	Allegri: Miserere	
8	Bach: Mattheus Passion, Erbarme dich mein Gott	BWV 244
9	Arvo Pärt: Da pacem domine	
10	Brahms: „Denn alles Fleisch, es ist wie Gras" aus Requiem	Op. 45

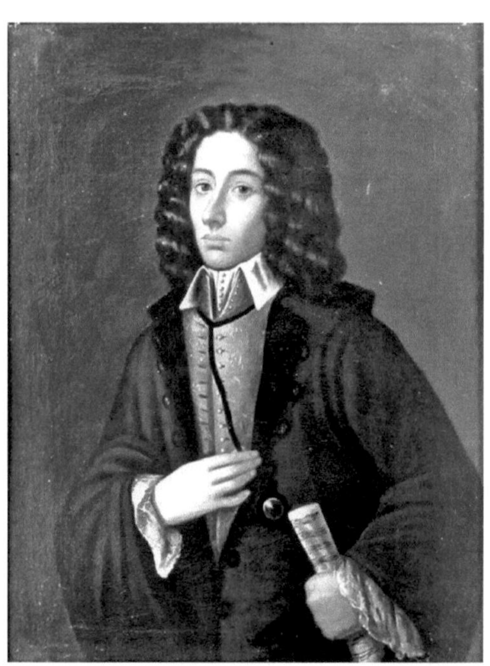

Giovanni Battista Pergolesi starb 1736 im Alter von nur 26 Jahren in einem Kloster in der Nähe von Neapel. Bekannt war er zu Lebzeiten als Komponist von Opern, aber es war das ‚Stabat Mater', das seinen Namen unsterblich machte. Es gehört wohl zu den bekanntesten und am häufigsten aufgeführten Werken geistlicher Kompositionen. Angeblich soll er das Werk auf dem Sterbebett vollendet haben – eine Behauptung, die wissenschaftlichen Untersuchungen nicht standgehalten hat, aber natürlich zur Legendenbildung um dieses Werk beigetragen hat. Es geht im ‚Stabat mater' um die Kreuzigung eines geliebten Sohnes.

Mozarts ‚Ave verum corpus' („Gruß dir, Leib des Herrn") ist eine Motette, d. h. eine geistliche Musik für Singstimmen sowie Streicher und Orgel. Der französische Komponist Hector Berlioz nannte es ein „himmlisches Gebet". Mehr Beschreibung braucht es nicht für diese Musik ...

Byrds ‚Messe für 5 Stimmen' ist ein großartiges Beispiel lateinischer

Vokalpolyphonie aus dem England des späten 16. Jahrhunderts. Das ‚Agnus Dei' („Lamm Gottes") ist ein Stück voll religiöser Inbrunst.

Die tief bewegende Arie ‚Sovente il sole' (zu deutsch: „Häufig erstrahlt die Sonne") aus ‚Andromeda Liberata' von Vivaldi ist eine seiner schönsten Arien. Sie wurde geschrieben für seinen Mäzen und Förderer, den venezianischen Kardinal Pietro Ottoboni.

Händel komponierte die Vertonung des 110. Psalms (‚dixit dominus') im Alter von 21 Jahren während seines drei Jahre dauernden Italienaufenthalts. Die Übersetzung des ‚De torrente in Via Bibet' (für diejenigen, die im Lateinischen vielleicht nicht mehr ganz so sattelfest sind): „Aus dem Bach am Weg wird er trinken. Darum wird er erheben das Haupt." Ist eigentlich auch gar nicht so wichtig: einfach dieser wunderbaren Musik lauschen …

Nach der Aufführung der Erstfassung von Faurés ‚Requiem' 1888 machte ihm der Vikar der Église de la Sainte-Marie-Madeleine in Paris klar, das Repertoire an der Madeleine sei umfassend genug und man bräuchte sein Stück nicht. Aber er setzte die Arbeit fort bis zur seiner endgültigen Fassung 1899, also gut 10 Jahre später. Im. ‚Pie Jesu' („Gütiger Jesus"), dem wohl bekanntesten Satz des Requiems, hat Fauré nur den letzten Vers des ‚Dies irae' („Milder Herr Jesus, schenke ihnen die ewige Ruhe") vertont.

Fauré selbst schrieb über sein Requiem: „Nach all den Jahren, in denen ich Begräbnisgottesdienste auf der Orgel begleitet habe, … wollte ich etwas anderes schreiben." Es ist ein schlichtes und friedvolles Stück Musik geworden …

Allegris ‚Miserere' („Erbarme dich") wurde ja bereits bei der Vorstellung von Mozart erwähnt: Ihm gelang es angeblich, diese vom Vatikan streng geheim gehaltene Partitur nach dem Hören komplett fehlerfrei aus dem Gedächtnis aufzuschreiben. Allegris berühmteste Komposition war fast 250 Jahre lang fester Bestandteil der Liturgie der Karwoche in der Sixtinischen Kapelle. Viele Romreisende – u. a. Mendelssohn's Schwester Fanny Hensel – berichtete von der magischen Wirkung, die dieses einfache Stück mit den geradezu sphärischen Klängen bei ihnen hinterlassen hat.

Die Matthäuspassion von Bach vertont sozusagen die Leidensgeschichte Jesu aus dem Matthäus-Evangelium. Sie wurde für den Karfreitags-Gottesdienst 1727 in der Leipziger Thomaskirche komponiert. Mit einer Aufführungsdauer von gut 3 Stunden kann man erahnen, welchen Stellenwert der Glaube zur damaligen Zeit im Leben der Menschen eingenommen hatte, weil ein solcher Gottesdienst auch schon einmal vier Stunden dauerte. Aber keine Angst: Die Arie ‚Erbarme Dich, mein Gott' zur Verleugnung und Reue des Petrus aus der Passion dauert nur 6 Minuten.

Arvo Pärt (*1935)

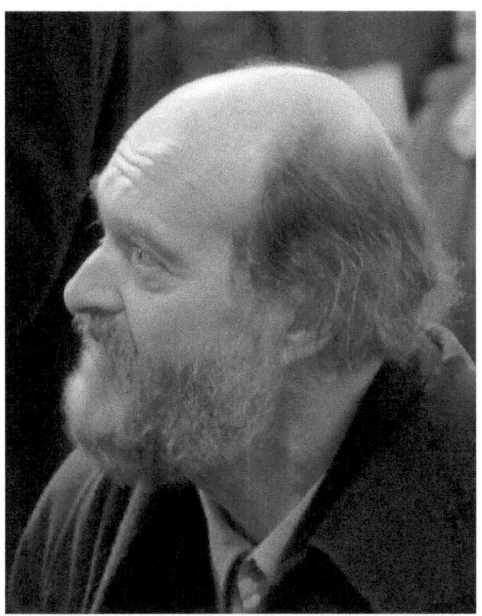

Bei Arvo Pärts ‚Da pacem domine‘ war ich mir beim ersten Hören überhaupt nicht sicher, aus welcher Epoche dieses Stück des 1935 geborenen Komponisten aus Estland stammt. Vielleicht kann man es als eine Art „Neo-Barock“ einsortieren oder auch als „Neo-Gregorianik“.

Es ist eine Komposition für 4 Stimmen a capella auf ein lateinisches Gebet um Frieden: sehr reduziert, aber genau das macht seine magische Wirkung aus. Das Werk entstand als Auftragskomposition für ein internationales Friedenskonzert in Barcelona zur Erinnerung an die Opfer der Madrider Zuganschläge 2004 und wird in Spanien jährlich zum Gedenken an die Opfer aufgeführt.

Das ‚Deutsche Requiem‘ wurde der Durchbruch für den gerade 33-jährigen Brahms und eines seiner populärsten Werke. Eigentlich ist es nicht als Trauermusik konzipiert, sondern als „Trostmusik für diejenigen, die da Leid tragen“, also als eine von Ernst, Würde und Zuversicht getragene Musik für die Lebenden. Er selbst hat es wie folgt beschrieben: „Ich habe meine Trauermusik vollendet als Seligpreisung der Leidtragenden. Ich habe nun Trost gefunden.“

9. Musik nach Stimmungslage: von heiter bis traurig

Hier wird die Auswahl der Musik etwas „bunter". Neben der vorwiegend ruhigen und meditativen Musik der vorangegangenen Listen stelle ich jetzt auch Stücke vor, die man eher als heiter oder auch dramatisch bezeichnen kann. Außerdem wird nicht mehr unterschieden nach Soloinstrumenten, Opern oder Kammermusik, sondern die einzelnen Stücke entstammen allen Kategorien. Einige Stücke tauchen schon in den vorangegangenen Listen auf und werden hier quasi einfach neu zugeordnet (dann wird für die Beschreibung auf die vorangegangenen Kapitel verwiesen).

Die Kriterien, um die Musik für diese Listen auszuwählen, habe ich charakterisiert als:

- heiter und beschwingt

- ruhig und fließend

- nachdenklich und traurig

- dramatisch

Dabei ist es mir nicht unbedingt leichtgefallen, die Einsortierung vorzunehmen, weil sich viele der Musikstücke eben nicht eindeutig mit ein oder zwei Adjektiven umfänglich beschreiben lassen. Vermutlich wird auch jeder seine individuelle Sicht auf die Musik und deren Zuordnung haben. Aber viel entscheidender ist doch, ob einem die Musik gefällt ...

Es geht es los mit der Auswahl der heiteren Musik:

Playlist 15 A: Heitere Musik	
Nr. **Titel**	**Werkverzeichnis**
1 Brahms: Allegretto grazioso aus Symphonie Nr. 2	
2 Bach: Badinerie aus der Suite Nr. 2	BWV 1067
3 Mozart: Divertimento	KV 136
4 Händel: Ankunft der Königin von Saba	HWV 67
5 Vivaldi: Frühling, 1. Satz Allegro aus den „Vier Jahreszeiten"	Op. 8
6 Schumann: 1. Satz Lebhaft aus Symphonie Nr. 3 „Rheinische"	Op. 97
7 Mendelssohn: Allegro vivace aus Symphonie Nr. 4	Op. 90
8 Mozart: Sinfonia aus „Le nozze de figaro"	KV 492
9 Mozart: „Schon lacht der holde Frühling"	KV 580
10 Vivaldi: Flötenkonzert „La tempesta di mare", 1. Satz	Op. 10/1, RV 433

Heitere Musik: Ja, was soll das sein? Den meisten wird wohl in Zusammenhang mit klassischer Musik hier die kleine Nachtmusik einfallen ... oder die Musik von Vivaldi.

Beim wohl bekanntesten Werk Antonio Vivaldis, den ‚Vier Jahreszeiten‘, handelt es sich um vier Violinkonzerte, von denen jedes Konzert eine Jahreszeit repräsentiert. Dazu ist den einzelnen Konzerten jeweils ein – vermutlich von Vivaldi selbst geschriebenes – Sonett vorangestellt, wobei die entsprechenden Stellen in der Partitur dem Text zugeordnet werden. Wie der Titel ja schon verrät, werden Geräusche aus der Natur imitiert: Wind, Sturm, Gewitter, aber auch Vogelstimmen, ein Hund oder schlafende Hirten und surrende Fliegen. Ein wirklicher „Blockbuster“ der klassischen Musik, dem auch die zahlreichen Überarbeitungen nichts anhaben konnten.

Geradezu erfrischend klingt auch sein Flötenkonzert ‚la Tempesta di mare‘ (also der Seesturm) aus dem Jahr 1728. Es stammt aus den besten Jahren Vivaldis, in denen er geradezu ein Vermögen verdiente, in Saus und Braus lebte und beim Kaiser Karl VI. ein und aus ging. Aber da er als geweihter Priester in wilder Ehe mit einer Primadonna und deren Schwester zusammenlebte, musste er im Alter von 62 Jahren Venedig verlassen und zog 1740 nach Wien, wo allerdings kaum jemand Interesse für den italienischen Komponisten zeigte. Wie auch Mozart (50 Jahre später) wurde er im darauffolgenden Jahr in einem Armengrab auf dem Spittaler Gottesacker zu Wien beigesetzt.

‚Die Badinerie‘ (frei übersetzt ein „tanzartiger Spaß“) für Blockflöte aus der Orchestersuite Nr. 2 wird Bach für seine regelmäßigen Kaffeehauskonzerte in Leipzig vorgesehen haben, ein Stück, das förmlich zu bersten scheint vor guter Laune und Fröhlichkeit!

Und auch das Allegro aus der Symphonie Nr. 4 von Mendelssohn ist ein Stück voller Heiterkeit und Lebenslust, das eigentlich jedem Zuhörer das Herz aufgehen lässt. Der Beiname (die „Italienische“) rührt daher, dass er sie inspiriert von den Reiseeindrücken seiner Italienreise 1830 schrieb. Offensichtlich hatte er sich gefühlt wie in einem Rausch.

Das ‚Divertimento‘ von Mozart wurde ebenfalls nach einer Italienreise geschrieben: Offensichtlich ist Italien mit seinem dolce vita, dem guten

Wein und Essen ein geradezu idealer Nährboden für heitere, lebenslustige Musik. Manch einer kann sich auch an die Schule erinnern, genauer gesagt an Goethe: „Kennst du das Land, wo die Zitronen blühn, im dunklen Laub die Goldorangen glühn …". Auch Goethe blühte förmlich auf in Italien, und aus der ursprünglich auf einige Monate angelegten Reise wurden fast zwei Jahre …

Aber zurück zur Musik: Schumanns ‚Rheinische Sinfonie' entstand während einer ungewöhnlich glücklichen Zeit in Schumanns Leben, und das hört man auch in dieser Symphonie. Nicht umsonst wird das Rheinland ja auch als das „Italien Deutschlands" bezeichnet …

Er soll sie – nach seinem Umzug von Dresden nach Düsseldorf – in einem wahren Schaffensrausch innerhalb von einem Monat komponiert haben. Der vierte Satz ist angeblich – liebe Düsseldorfer, jetzt mal bitte weghören – vom Anblick des Kölner Doms inspiriert worden!

Brahms schrieb seine 2. Symphonie 1877 am Wörthersee. Der dritte Satz mit seinem tänzerischen Rhythmus in G-Dur ist in seiner Heiterkeit eigentlich eine Besonderheit im Werk des grüblerischen Brahms.

Die Königin von Saba war eine biblische Gestalt, die im 10. Jahrhundert v. Chr. eine Reise zum Hof König Salomos in Jerusalem unternommen haben soll. Ihre Ankunft wurde im Oratorium ‚Salomon' von Händel als mitreißendes Stück vertont. Die Melodie finde ich so motivierend und mitreißend, dass ich sie lange Zeit – ja ich weiß, das darf ich jetzt hier eigentlich gar nicht schreiben – als Klingelton auf meinem Mobiltelefon verwendet habe …

Der Titel der Arie ‚Schon lacht der holde Frühling' von Mozart spricht eigentlich für sich … Die Arie war wahrscheinlich zur Oper ‚Il Barbiere di Siviglia' von Giovanni Paisiello gedacht, wurde aber unfertig beiseitegelegt und galt als verschollen, bis das Fragment in den 1990er-Jahren wieder auftauchte und von Franz Beyer ergänzt wurde. Auch dieses Stück ist ein wahrer Stimmungsaufheller!

Und noch ein Stück von Mozart: die Ouvertüre aus ‚Le nozze de figaro' (bereits zur Genüge beschrieben im Kapitel Opernarien) ist der quirlige, heitere Auftakt zu meiner Lieblingsoper von Mozart. Das ist pure gute Stimmung in Musik gegossen!

Playlist 15 B: Ruhige und fließende Musik		
Nr.	Titel	Werkverzeichnis
1	Mozart: Flötenkonzert Nr. 1, 2. Satz	KV 313
2	Brahms: 2. Satz Andante aus Sinfonie Nr. 3	op. 90
3	Pachelbel: Canon und Gigue	
4	Händel: Largo aus der Oper „Xerxes"	
5	Haydn: 2. Satz Adagio aus Symphonie Nr. 102	H1/102
6	Richard Wagner: Siegfried Idyll	
7	Tschaikowski: Tanz der Rohrflöten, 2. Akt aus dem Ballett „Der Nussknacker"	Op. 71
8	Elgar: 3. Satz Adagio aus Cellokonzert	Op. 85
9	Dvořák: Moderato aus Streicherserenade	Op. 22/1
10	Philipp Glass: „Opening"	

Ruhige und fließende Musik ist ja eigentlich das Grundthema dieses ganzen Buches. So gesehen ist diese Playlist eigentlich eher als Zugabe zu verstehen zu den Top Ten-Listen in den vorangegangenen Kapiteln.

Starten wir mit dem Flötenkonzert Nr. 1 von Mozart: Angeblich mochte Mozart die Flöte als Instrument nicht besonders – was er einmal in einem Brief an seinen Vater erwähnte. Das kann man dem Konzert aber überhaupt nicht anhören, schon gar nicht dem romantischen 2. Satz. Der amerikanische Musikforscher Einstein fand auch, es sei von „Anfang bis Ende mit Lust und Liebe geschrieben". Dem schließe ich mich uneingeschränkt an …

Johannes Brahms war ein sehr eifriger Briefeschreiber, aber über seine 3. Sinfonie weiß man relativ wenig, außer dass er sie im Sommer 1883 fertiggestellt hatte und in jenem Sommer ein bisschen verliebt war in eine junge Frau (Brahms war – wie man heute sagen würde – im besten midlife-crisis-Alter von 50 Jahren). Er spielte die Sinfonie vor der Uraufführung seinem Freund Dvořák auf dem Klavier vor, der dazu an seinen Verleger Simrock schrieb: „Es ist lauter Liebe und das Herz geht einem dabei auf …"

Pachelbel (1653–1706) war ein Zeitgenosse Bachs aus Nürnberg, der seinen berühmten Kanon vermutlich für die Hochzeit von Bachs älterem Bruder 1694 komponierte. Auch ein sogenanntes One-Hit-Wonder, oft gehört, aber immer noch gut …

Händels Largo aus der Oper Xerxes ist ebenfalls ein Evergreen. Die antike amouröse Verwicklungskomödie handelt vom Perserkönig Xerxes, der die Geliebte seines Bruders begehrt. In der Arie ‚Ombra mai fu' besingt Xerxes gleich zu Beginn der Oper die Schönheit einer Platane, die im antiken Persien als heilig verehrt wurde: „Nie war der Schatten einer Pflanze, lieblicher und angenehmer, süßer." Es ist die wahrscheinlich bekannteste Melodie, die Händel komponiert hat, getragen von einer unglaublichen Ruhe.

Joseph Haydn (1732 – 1809)

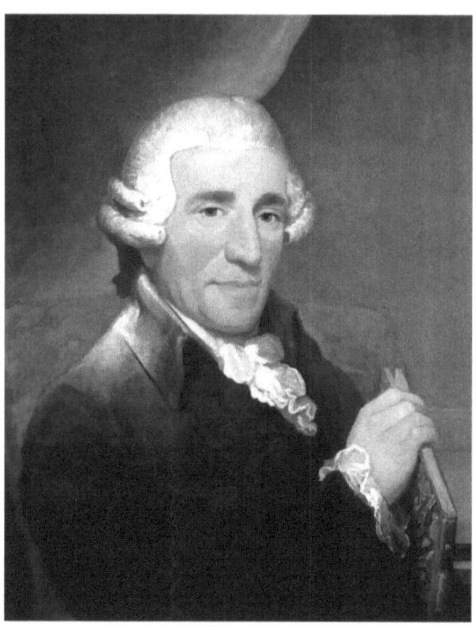

Haydn war sozusagen der Wegbereiter der Symphonie (er hat über hundert geschrieben), war ein guter Freund Mozarts (über den er den berühmt gewordenen Satz zu Mozarts Vater gesagt hat: „Ich sage Ihnen vor Gott, als ein ehrlicher Mann, Ihr Sohn ist der größte Componist, den ich von Person und dem Namen nach kenne …") und der Kompositionslehrer Beethovens. Er stand dreißig Jahre in den Diensten des wohlhabenden ungarischen Fürsten Esterházy, bis dieser starb und die gesamte Hofmusik danach aufgelöst wurde. Haydn folgte dann einem Ruf nach England, wo er auf seinen Reisen große, auch finanzielle Erfolge erzielte – und u. a. die Sinfonie 102 komponierte. Bekannt geworden ist er auch für seine originellen Einfälle: In der Sinfonie Nr. 94 (‚Sinfonie mit dem Paukenschlag') erklingt im langsamen zweiten Satz nach 16 vollkommen ruhigen Takten ein fetter Paukenschlag, mit dem „Papa Haydn" (so nannte Mozart ihn liebevoll, aber so nannte er sich auch gerne selbst) offensichtlich das träge Publikum aus dem Schlaf zu wecken versuchte.

Das Siegfried-Idyll widmete Wagner seinem erstgeborenen Sohn

Siegfried, genannt Fidi. Als Geburtstagsständchen und Dank für seine zweite Frau Cosima, der Tochter von Franz Liszt, wurde das Stück – damals noch in der Urfassung für kleines Kammerorchester – Weihnachten 1870 vor dem Haus der Wagners am Vierwaldstättersee in der Schweiz uraufgeführt. Neben Motiven aus der Oper (z. B. die sogenannte ‚Friedensmelodie': „Ewig war ich, ewig bin ich …") hört man bei genauem Zuhören auch ein Zitat auf das Volkslied „Schlaf, Kindchen, Schlaf" …

Tschaikowskis Ballett ‚Der Nussknacker' basiert auf dem Weihnachtsmärchen „Nußknacker und Mausekönig" von E.T.A. Hoffmann. Die Geschichte erzählt von der kleinen Klara, die Weihnachten einen Nussknacker geschenkt bekommt, der ihr dann im Traum als Prinz erscheint und sie in eine märchenhafte und fremde Wunderwelt entführt. Der Blumenwalzer, der Tanz der Zuckerfee, der Russische Tanz und der Tanz der Rohrflöten: Alle diese Tänze werden bei dem Fest zu Ehren der Rettung des Nussknackers bzw. Prinzen vor der bösen Mäusearmee durch Klara aufgeführt.

Die klassische Zeit für eine Aufführung dieses Balletts ist natürlich die Weihnachtszeit, aber ich höre diese wunderbare Musik gerne auch unterjährig …

Edward Elgar (1857 – 1934)

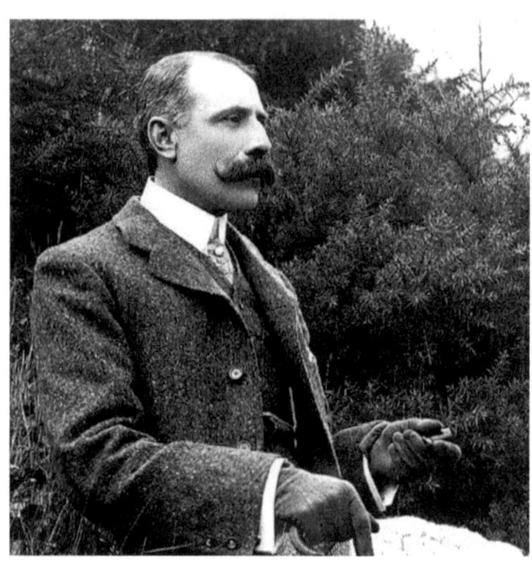

Edward Elgars Cellokonzert entstand während des ersten Weltkriegs. Die Eindrücke des Krieges haben zunächst seine Schaffenskraft zum Erliegen gebracht, um mit diesem grandiosen Konzert wiederaufzustehen. Es sollte aber sein letztes großes Werk bleiben, denn kurz nach der Fertigstellung starb seine geliebte Frau Alice, was ihn so sehr traf, dass er aufhörte zu komponieren.

Die Streicherserenade schrieb Dvořák 1875 innerhalb von wenigen Wochen, noch bevor der böhmische Komponist weltberühmt wurde – eine schwerelose Serenade in der Tradition eines Haydn oder Mozart, angefüllt mit den schönsten Melodien seiner Heimat.

Philipp Glass (*1937) ist ein amerikanischer Komponist und der vielleicht bekannteste Vertreter des Minimalismus. Wie es sich für eine klassische amerikanische Erfolgsgeschichte gehört, arbeitete er nebenbei als Taxifahrer, Klempner, Möbelpacker und Kellner, um über die Runden zu kommen, bis er in den 80er Jahren mit seinen Filmmusiken weltberühmt wurde (u. a. für die Filme „Koyaanisqatsi", „Die Truman Show" und „The Hours"). Das Stück ‚Opening' für Klavier ist übrigens auch als Hintergrundmusik im Film „Atemlos" mit Richard Gere aus dem Jahr 1982 zu hören.

Playlist 15 C: Traurige Musik	
Nr.	**Titel**	**Werkverzeichnis**

Nr.	Titel	Werkverzeichnis
1	Barber: Adagio for strings	op. 11
2	Beethoven: 2. Satz Allegretto aus Symphonie Nr. 7	op. 92
3	R. Strauss: Metamorphosen	op. 23
4	Chopin: Prélude Nr. 20	op. 28
5	Chopin: 3. Satz aus Sonate Nr. 2 („Trauermarsch")	op. 35
6	Grieg: Ases Tod, 2. Satz aus Peer Gynt Suite I	op. 46
7	Beethoven: Marcia funebre Adagio assai aus Sinfonie Nr. 3 („Eroica")	op. 55
8	Beethoven: 2. Satz Largo e mesto aus Sonate Nr. 7	op. 10
9	Mozart: 2. Satz Andantino aus Klavierkonzert Nr. 9 „Jeunehomme"	KV 271
10	Mozart: Lacrimosa aus Requiem	KV 626

Samuel Barber (1910 – 1981)

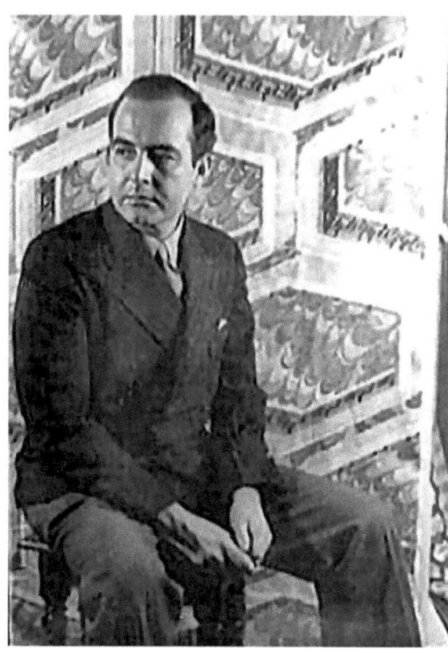

Ich finde, wenn man sich mal richtig ausweinen will, ist das ‚Adagio for strings' von Barber allererste Wahl. Es gab einmal bei der BBC eine Umfrage, bei der die Radio-Hörer das traurigste Musikstück wählen konnten. Klarer Gewinner war Samuel Barbers Adagio.

Ohne große Dramatik werden die Themen wellenartig nach oben getragen und sinken dann wieder zurück – ohne großes Pathos, aber vielleicht gerade deshalb so ergreifend. Und erst der Schluss: wie ein stiller, letzter Seufzer, der einfach stehen bleibt …

Beethoven ist gleich dreimal in der Liste vertreten: davon allein mit zwei langsamen Sätzen aus der Sinfonie Nr. 3 (‚Eroica') und der ‚7. Sinfonie'. Die Uraufführung der 7. Sinfonie fand am 8. Dezember 1813 in Wien gemeinsam mit der Schlachtensinfonie ‚Wellingtons Sieg' statt und war einer seiner größten Erfolge zu Lebzeiten. Die Leitung des Orchesters hatte trotz seiner Taubheit Beethoven selbst.

Die ‚3. Sinfonie' war ursprünglich Bonaparte gewidmet, was mehrere Partitur-Abschriften und Briefe aus der Entstehungszeit belegen.

Ursprünglich stand „Bonaparte" auf dem Titelblatt, aber nachdem Beethoven hörte, dass Napoleon sich zum Kaiser erklärt hatte, geriet Beethoven in solche Wut, dass er angeblich das Titelblatt zerriss und die erste Seite neu überschrieb mit dem Titel ‚Sinfonia eroica'. Ein Werk, das in mehrfacher Hinsicht – angefangen mit der bloßen Länge von fast einer Stunde, dem ungewohnten tutti-Einsatz des Orchestern zu Beginn bis hin zu zahlreichen kühnen harmonischen Neuerungen – als bahnbrechend für die Gattung der Sinfonie bezeichnet werden kann. Es war auch das erste Mal, dass ein Trauermarsch explizit in eine Sinfonie aufgenommen wurde. Vor dem Hintergrund seiner zunehmenden Ertaubung, die für Beethoven nicht zuletzt auch eine existenzielle Bedrohung darstellte, trägt dies möglicherweise auch persönliche Züge.

Den zweiten Satz aus der relativ unbekannten ‚Klaviersonate Nr. 7' bezeichnet der Pianist Igor Levit als den „tiefsinnigsten langsamen Satz in Beethovens Klaviersonaten bis zur Hammerklaviersonate".

In den Metamorphosen für 23 Solostreicher verarbeitet Richard Strauss seine Eindrücke kurz vor Ende des Zweiten Weltkriegs, insbesondere die Trauer um das zerbombte München (dies war auch die Überschrift über der ersten Skizze, die im Herbst 1944 entstand.

In einer solchen Zusammenstellung darf natürlich der Trauermarsch aus der ‚2. Klaviersonate' von Chopin nicht fehlen. Seine Bekanntheit rührt zum einen aus der vielfachen Verwendung in Film und Fernsehen (z. B. in den Filmen „Beetlejuice", „Monty Python"), zum anderen wird er – dann als Orchesterversion – oft bei Begräbnissen gespielt (u. a. bei den Begräbnissen von J. F. Kennedy und Winston Churchill). Mit dieser Musik wurde auch Chopin selbst am Pariser Friedhof Père Lachaise beigesetzt. Aber wessen Tod wird hier so eindringlich vertont? Chopin komponierte den Trauermarsch 1837 nach der Auflösung seiner Verlobung mit Marie Wodzinska durch ihre Mutter (die Begründung war seine, der Familie Wodzinska seit seiner Jugend bekannte, labile Gesundheit).

Das ‚Prélude Nr. 20' aus op. 28 von Chopin wird auch oft als Trauermarsch bezeichnet – für mich ist es so etwas wie der kleine Bruder des Trauermarsches aus der 2. Sonate, aber nicht weniger ergreifend.

Aus der famosen Peer Gynt Suite ist der erste Satz ‚Morgenstimmung‘ vielen bekannt, der zweite Satz (‚Ases Tod‘) weniger. Grieg komponierte diese Suite – wie bereits erwähnt – im Auftrag von Henrik Ibsen zu dessen gleichnamigen Theaterstück. Åse ist die Mutter des Protagonisten in dem Stück. Sie lebt verarmt als Witwe (ihr Mann erlag dem Alkohol) mit Peer zusammen und verhätschelt ihren Sohn, der ein Sonderling ist und davon träumt, reich zu werden … Die musikalische Untermalung ihres Todes ist eines der innigsten und traurigsten Musikstücke der gesamten Musikliteratur.

Das ‚Klavierkonzert KV 271‘ von Mozart entstand 1777 in Salzburg für die Klaviervirtuosin Louise Victoire Noverre verh. Jenamy, woraus die Mozart Biografen vermutlich „Jeunehomme“ als den Namen der Pianistin ableiteten. Es ist sowohl vom pianistischen Anspruch, aber auch sonst ein herausragendes Werk seines frühen Schaffens. In den Konzertsälen erklingen ja zumeist die „späten“ Klavierkonzerte (ab KV 466 bzw. Klavierkonzert Nr.20), die Mozart auf dem Höhepunkt seiner Kompositionskunst in Wien komponiert hat. Aber vor allem der innige und lyrische 2. Satz dieses frühen Konzerts – finde ich – hat mehr Beachtung verdient. Ein Musikwissenschaftler namens Einstein (Nein, nicht Albert Einstein) nannte das Konzert einmal „die Eroica Mozarts“. Übrigens allen – so wie ich – die von Mozarts Klavierkonzerten gar nicht genug bekommen können, seien auch die weniger bekannten Konzerte Nr. 14–19 ans Herz gelegt …

Eine ganz ähnliche Entstehungsgeschichte wie um das ‚Stabat mater‘ von Pergolesi rankt sich um das berühmte Requiem von Mozart: Auch er schrieb es quasi auf dem Sterbebett, und seine Witwe Constanze beauftragte seinen Schüler Franz Xaver Süßmayr, das Werk zu vollenden – allein schon deswegen, um die ausstehende restliche Summe vom Auftraggeber, dem exzentrischen Grafen Franz von Walsegg, zu bekommen. Der hatte das Werk wohl in Auftrag gegeben, um es seiner verstorbenen Gattin zu widmen – und nebenbei als sein Werk auszugeben.

Das Requiem wurde also sozusagen Mozarts eigene Totenmesse. Der Wirkung des Lacrimosa („die Tränen Christi“) mit seinen verzweifelten, regelrecht schluchzenden Rhythmen kann sich kaum ein Zuhörer

entziehen: man sollte schon in der richtigen Stimmung sein, dieses
sehr, sehr traurige Werk zu hören …

Playlist 15 D: Dramatische Musik	
Nr. / **Titel**	**Werkverzeichnis**
1 — Ravel: Boléro	
2 — Beethoven: Symphonie Nr. 5, 1. Satz	Op. 67
3 — Richard Strauss: Also sprach Zarathustra	Op. 30
4 — Beethoven: Klavierkonzert Nr.4, 2. Satz	Op. 58
5 — Chopin: Etude op. 25, 12	Op. 25, 12
6 — Brahms: Klavierkonzert, Nr.1, 1. Satz	Op. 15
7 — Dvořák: Symphonie Nr. 9, 4. Satz	Op. 95
8 — Donizetti: „Regnava nel silencio" aus der Oper „Lucia di Lammermoor"	KV 527
9 — Tschaikowski: Sinfonie Nr. 6, 4. Satz Adagio lamentoso	Op. 74
10 — Verdi: Prelude aus der Oper „La Traviata"	

Der ‚Boléro‘ von Ravel war ursprünglich als Ballett gedacht. Bei seiner Uraufführung erhielt das Stück keine ungeteilte Zustimmung. Die Penetranz der Einfachheit, mit der der gleiche Rhythmus das gesamte Stück 300 Takte lang dominiert, war offensichtlich nicht einfach zu verdauen. Der Komponist wurde für verrückt erklärt, der den Zuhörern angeblich sogar Recht gab. Als Filmmusik ist der Bolero mittlerweile aber äußerst beliebt (u. a. versucht Bo Derek ihren Filmpartner zu der Musik des ‚Boléro‘ zu verführen; sämtliche Tonträger mit dem ‚Boléro‘ waren nach dem Kinostart eine Weile ausverkauft ...).

Beethovens ‚5. Sinfonie‘ vorzustellen, ist eigentlich müßig. Das sogenannte Schicksalsmotiv („ta-ta-ta-taaaa“) zu Beginn der Sinfonie ist wahrscheinlich die berühmteste Tonfolge der Welt. Der Name „Schicksalssymphonie“ ist auf Beethovens Sekretär und Biografen Anton Schindler zurückzuführen, der Beethoven auf die Frage nach dem Eingangsmotiv die Worte: „So pocht das Schicksal an die Pforte“ in den Mund gelegt hatte. Als Quelle ist dieser Herr Schindler allerdings als eher sehr unzuverlässig einzustufen, da er Begebenheiten aus dem Leben Beethovens häufig auszuschmücken pflegte.

<h1 style="text-align:center">Richard Strauss (1864 – 1949)</h1>

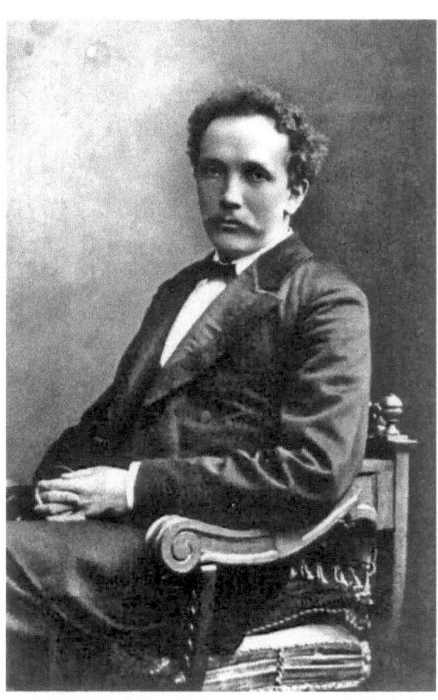

Wenn ich das klanggewaltige Epos von Richard Strauss mit der berühmten Eingangssequenz höre, muss ich immer an Stanley Kubricks Film „2001: Odyssee im Weltraum" denken … Es soll den Sonnenaufgang darstellen, genauer gesagt die Entscheidung Zarathustras, vor dem Sonnenaufgang zu den Menschen hinabzusteigen.

Wenn man den 2. Satz aus dem ‚4. Klavierkonzert' von Beethoven mit den zunächst bedrohlichen Streichern in forte hört, die sich nach und nach durch die lyrischen piano-Einsätze beruhigen lassen, wird man sogleich wieder an die Musik in Christoph Willibald Glucks Oper ‚Orfeo e Euridice' erinnert, in der Orpheus die Geschöpfe der Unterwelt mit seinem wunderbaren Gesang besänftigen kann (s. a. Playlist Transkriptionen). Zumindest wird diese Verbindung zur Geschichte von Orpheus durch Freunde Beethovens bestätigt. Am Ende des Stückes gewinnt der Klavierpart (der Orpheus darstellt) die Oberhand über den Orchesterpart, der sich zum Ende hin dem Gesang des Klaviers ergibt.

Die letzte Etüde aus Chopins ‚Zyklus' in c-moll wurde angeblich unter dem Eindruck der Einnahme von Warschau durch die Russen komponiert. Eine Deutung, der eigentlich jeder sofort Glauben schenkt, wenn er diesen aufgewühlten pathetischen Ausbruch hört …

Brahms schrieb sein ‚1. Klavierkonzert' zunächst als Sonate für zwei Klaviere, arbeitete es dann aber zu einem Klavierkonzert um. Es entstand in den Jahren, als Schumann zunächst einen Selbstmordversuch unternahm und dann nach zwei Jahren in einer Nervenheilanstalt starb. Der donnernde Beginn des kolossalen Klavierkonzerts, das mehr eine Sinfonie für Klavier und Orchester ist, klingt auch entsprechend schicksalhaft.

Und noch einmal Dvořáks grandiose Symphonie ‚Aus der neuen Welt', über die der New York Herald damals enthusiastisch schrieb: „Warum kam dieser Dvorák nicht schon früher in unser Land, wenn er hier in Amerika eine solche Musik schreiben kann?" Derselben Zeitung gab er ein Interview, in dem er sagte: „Ich bin jetzt überzeugt, dass die zukünftige Musik dieses Landes auf dem basieren muß, was man 'Negerlieder' nennt. Das muß die wirkliche Grundlage einer jeden ernsthaften und originellen Kompositionsschule sein, welche in den Vereinigten Staaten zu entwickeln ist."

Au weia … Wie auch immer, die Sinfonie ist jedenfalls großartig.

Die Handlung der Oper ‚Lucia di Lammermoor' von Donizetti wurde ja im Kapitel Arien bereits kurz umrissen. In der Arie ‚Regnava nel silencio' besingt die Titelheldin die Geschichte vom Geist einer Frau, die an diesem Ort aus Eifersucht erstochen worden war. Beim Hören dieser Arie kann man schon – ohne etwas vom Text oder der Handlung zu verstehen – unschwer heraushören, dass es um Drama pur geht.

Das Gleiche gilt auch für den Schlusssatz aus Tschaikowskis ‚6. Sinfonie': Sie trägt nicht zu Unrecht den Beinamen „Pathétique"! Es ranken sich einige Mythen um das letzte Werk von Tschaikowski, nicht zuletzt aufgrund seiner Aussage, dass sie ein Programm habe, das aber „für alle ein Rätsel bleiben" solle. Er starb kurze Zeit nach der – nicht eben erfolgreichen – Uraufführung. Eine Theorie seines plötzlichen Todes war, er habe aufgrund dieses Misserfolgs angeblich vorsätzlich choleraverseuchtes Wasser getrunken. Andere Theorien beziehen sich auf seine Homosexualität und sein Verhältnis mit einem jungen Mann von gesellschaftlich hohem Stand, welches ihn in den Selbstmord durch Vergiftung getrieben haben soll. Was all diese Theorien sicher befeuert, ist seine hohe Neigung zu Depression und Krisen. Einige Monate, nachdem ihn sein Vater in eine Ehe gedrängt hatte, unternahm Tschaikowski einen Selbstmordversuch. Ungewöhnlich ist diese Sinfonie auch allein deshalb, weil sie mit einem langsamen Satz in einem Pianissimo der Streicher endet.

Das Prélude zur Oper ‚La Traviata‘ fängt die Stimmung der tragischen Handlung um die Kurtisane Violetta einfach genial ein. Einfach zuhören und verzaubern lassen!

10. Heilende und entspannende Wirkung klassischer Musik

Wenn ich zum Arzt gehe, nehme ich seit einigen Jahren die Kopfhörer mit. Ich muss gestehen, dass ich ein unverbesserlicher Feigling bin, was Blut abzapfen oder alle Formen von Spritzen angeht. Schon einige Male war ich so nervös und angespannt, dass ich bei der Blutabnahme ohnmächtig geworden bin. Seitdem ich mir allerdings die Kopfhörer aufsetze und dabei Musik höre (am liebsten die späten Klavierkonzerte von Mozart), bin ich quasi „geheilt". Naja, zumindest überstehe ich mittlerweile einigermaßen unfallfrei die Blutabnahme.

Ich finde, nichts hilft mehr beim Entspannen in solchen Situationen als z. B. der langsame Satz aus dem Klavierkonzert Nr. 21 oder 27 von Mozart! Also wer diesbezüglich genauso empfindlich ist wie ich: einfach mal ausprobieren …

Offensichtlich ist diese Wirkung der Musik von Mozart als Blutdrucksenker auch schon wissenschaftlich erhärtet worden: In einer Studie, veröffentlicht im Deutschen Ärzteblatt (Dtsch. Arztebl. Int. 2016; 113: 347–352) wurde nachgewiesen, dass die Musik von Mozart (in dem Fall die Symphonie Nr. 40, KV 550) sowohl den Blutdruck als auch den Puls senkte.

Vor allem bei Schlaganfallpatienten hat man sehr gute Ergebnisse durch den gezielten Einsatz von Musik beobachten können. Die Patienten konnten, nachdem sie jeden Tag eine Stunde lang Musik gehört hatten, deutlich schneller wieder in ihren alten Zustand zurückfinden. Nach einiger Zeit sah man: Die beim Schlaganfall beschädigten Gehirnareale erholten sich, und zwar wesentlich besser als bei den Mitgliedern der Kontrollgruppe, die sich stattdessen nur Hörbücher anhörten. Die Nervenzellen um das geschädigte Gewebe herum wurden durch die Musik aktiviert und dadurch die Regeneration gefördert. Dazu kamen weitere Effekte wie Stress- und Angstabbau, die ebenfalls zur schnellen Heilung betrugen.

In einem anderen Versuch wurden Patienten nach einem Schlaganfall gebeten, mit dem Arm, der nun in seiner Bewegung eingeschränkt war, die Tonhöhe von Klängen in der Luft anzuzeigen. Ihre Beweglichkeit verbesserte sich schneller als die von Patienten, die andere Therapien erhielten.

Viele Studien belegen inzwischen, dass Musik bei einer Reihe von neurologischen Krankheiten therapeutisch wirkt. Nicht nur nach einem Schlaganfall, sondern auch bei Parkinson oder Alzheimer. Wurde das Gehirn beschädigt, kann man mithilfe von Musikübungen die verletzten Areale und die umliegenden Bereiche anregen, um die Nervenzellen dort wieder zu aktivieren oder neue Verknüpfungen anzulegen. Hören Alzheimer-Patienten Musik aus ihrer Jugend, können sie sich oft besser an Vergangenes erinnern. Wenn Parkinson-Patienten rhythmisch zu Musik laufen, können ihre Bewegungen mit etwas Training wieder geschmeidiger werden. Der Rhythmus erleichtert es ihnen, das für die Krankheit typische Stocken beim Gehen zu überwinden.

Beim Musikhören wird übrigens besonders viel Dopamin ausgeschüttet, ein Botenstoff, mit dem sich das Gehirn jung hält. In einer Studie waren Gehirne von Musikern, deren Alter mit einem MRT gemessen wurde, deutlich jünger als ihr tatsächliches Alter. Vielleicht ist das ja der Grund, warum viele Pianisten*innen* auch im hohen Alter noch in der Lage sind, sensationelle Aufnahmen und Konzerte zu produzieren? Einer meiner Lieblingsaufnahmen von Arthur Rubinstein, dem großen (vielleicht dem größten) Chopin-Interpreten des vergangenen Jahrhunderts, ist das ‚5. Klavierkonzert' von Beethoven, aufgenommen 1974 im Alter von 88 Jahren!

Forscher der National University of Singapore konnten zeigen, dass Menschen in Altersheimen wesentlich seltener an Depressionen litten, wenn man ihnen eine halbe Stunde am Tag ihre Lieblingsmusik vorspielte.

Auch bei Menschen mit Schmerzen, Ängsten und hohem Stresspegel haben Untersuchungen gezeigt, dass zumindest die Verabreichung von Medikamenten verringert werden kann, wenn sie regelmäßig ausgesuchte Musik hören. Bei Patienten, bei denen herzchirurgische Eingriffe vorgenommen werden mussten, vermochte Musiktherapie beispielsweise in der Periode während der Operation die Angst zu reduzieren. Bei Herzinfarktpatienten lässt sich durch Musiktherapie der Teufelskreis aus Angst, vegetativer Anspannung und weiterer Belastung des Herzens durchbrechen.

Eine Spritze zu bekommen, lässt sich sicherlich nur schwer mit diesen Situationen vergleichen, aber der Effekt ist bei mir der gleiche: Musik – vorausgesetzt es ist die passende – kann helfen Angst und Anspannung deutlich zu reduzieren. Man muss allerdings immer wieder einschränkend betonen, dass dies nicht für jede Art von Musik gilt – also z. B. bestimmt nicht für Heavy Metal. Aber auch klassische Musik ist nicht per se geeignet: Jede Art von Musik, die den Hörer zu sehr fordert, fällt nicht in diese heilende Kategorie. Ein Requiem, also eine Totenmesse, zu hören, kann meiner Meinung nach in einer solchen Situation eher dazu führen, dass das Stresshormon Adrenalin ausgeschüttet wird.

In den USA, wo nach dem Zweiten Weltkrieg Musiker systematisch bei der Rehabilitation von Kriegsveteranen eingesetzt wurden, entstand 1950 die erste Gesellschaft für Musiktherapie, die National Association of Music Therapy (NMAT). In der Musiktherapie unterscheidet man zwischen aktiver (Musik machen) und passiver (Musik hören) Musiktherapie.

Bei Depressionen kann Musiktherapie dazu verhelfen, sich emotional wieder angesprochen zu fühlen, wieder Gefühle wahrzunehmen, wo bei Analysegesprächen keine Wirkung mehr erzielt wird. C. G. Jung, dem berühmten Schweizer Psychiater und Begründer der analytischen Psychologie, stellte die amerikanischen Musiktherapeutin Margaret Tilly ihre Arbeit mit Musik vor, worauf er schrieb: „Die Musiktherapie eröffnet eine ganz neue Forschungsrichtung, von der ich mir nie hätte träumen lassen. Vor allem das, was ich konkret erlebt und gefühlt habe, lässt mich spüren, dass Musik von jetzt an ein wesentlicher Bestandteil einer jeden Analyse sein müsste".

Nehmen wir mal an, alle diese Erkenntnisse über die heilende Wirkung von Musik bei kranken Menschen seien gesichert. Aber was ist, wenn man dies auf Gesunde überträgt? Was passiert mit oder in einem gesunden Menschen, wenn er mehr klassische Musik in sich hinein- bzw.

an sich heranlässt? Ist die Annahme gänzlich unberechtigt, dass dies bei vielen – sicherlich nicht bei allen – einen positiven Effekt haben könnte?

Mein Ratschlag lautet: Probieren Sie es aus! Nehmen Sie sich die Zeit, um diesen Schatz der klassischen Musik für sich zu entdecken. Stellen Sie sich selbst einige Playlisten mit Musik zusammen, die Ihnen guttut. Planen Sie genug Zeit ein für diese Schatzsuche. Ich hoffe, dieses Buch kann dabei behilflich sein!

Wenn Sie zu Hause sind: Schaffen Sie sich eine ruhige Ecke, ein stilles Plätzchen wo Sie Ihre Musik hören können – ähnlich wie beim Praktizieren von Yoga, Meditation oder Fitness. Wenn Sie unterwegs sind, z. B. in der Bahn oder im Bus auf dem Weg zur Arbeit: Leisten Sie sich ein paar gute Kopfhörer, am besten mit noise reduction (das sollte einem schon mindestens 100 Euro wert sein), und konzentrieren Sie sich auf die Musik statt auf die lärmende Umgebung.

Bitte nicht falsch verstehen: Das bedeutet natürlich nicht, dass die bloße Nutzung eines Streamingportals schon verjüngend oder heilend wirkt …

Noch ein paar Worte zur aktiven Musiktherapie, also zum Musikmachen: Hier scheint mir der Effekt sogar noch stärker zu sein als beim (passiven) Musik hören. Wer Musik macht, beispielsweise Klavier spielt (oder Geige, Cello, Gitarre usw. – oder auch singt), benötigt so viel Konzentration, dass er sozusagen automatisch anfängt, seine Umgebung weniger wahrzunehmen oder sie sogar gänzlich auszublenden. Wenn ich eine Stunde oder mehr Klavier gespielt habe, bin ich ähnlich entspannt wie beispielsweise nach einer Yogastunde. Aber auch hier gilt wieder die Einschränkung: Voraussetzung dafür ist, dass mir die Musik, die ich mache, gefällt und mich nicht zu sehr fordert!

Wer möchte, kann gerne mal anhand der folgenden Übung selbst versuchen, mit klassischer Musik zu entspannen:

Alles, was Sie dafür brauchen, ist ein ruhiges Plätzchen, ca. 10 Minuten Zeit und die Möglichkeit, Musik abzuspielen. (Ich bevorzuge dazu mein Mobiltelefon in Verbindung mit einer Bluetooth Box; ggf. auch über Kopfhörer.)

Setzen Sie sich in aufrechter Haltung auf einen Stuhl oder ein Kissen. Wenn Sie eine bequeme Haltung gefunden haben, kommt der wichtigste Moment: Starten Sie die Musik. (Aber bitte nicht zu laut. Das Mobiltelefon in den Flugmodus schalten, wenn möglich. Wenn die Musik gestreamt wird, funktioniert das natürlich nicht, dann aber wenigstens stummschalten.)

Meine erste (Musik-)Wahl ist auf jeden Fall das ‚Klarinettenkonzert‘ von Mozart, 2. Satz. Versuchen Sie, sich zu entspannen, und achten Sie nur auf Ihren Atem und die Musik. Die meisten überkommt dann das Gefühl, noch irgendetwas erledigen zu müssen, es fällt Ihnen vielleicht ein, dass Sie noch jemand anrufen wollten oder dergleichen mehr. Es ist einfach schwer, sich auf die geistige Pause zu konzentrieren. Versuchen Sie nicht, die aufkommenden Gedanken verjagen zu wollen, sondern lassen Sie sie eher wie Wolken an sich vorüberziehen, ohne ihnen allzu viel Beachtung zu schenken. Lassen Sie den Atem ruhig fließen, konzentrieren Sie sich darauf, wie der Atem die Lungen füllt und anschließend durch den Mund wieder entweicht.

Wer Schwierigkeiten damit hat, seine Gedanken zu kontrollieren: Eine weitere Variante besteht darin, die Gedanken auf ein Bild zu fokussieren. Ich persönlich mag die Vorstellung, ein Adler zu sein, der auf einem hohen Berg sitzt und auf die Landschaft tief unten im Tal blickt. Wenn dieses Bild angekommen ist im Innern, lasse ich den Adler die Schwingen ausbreiten und gemächlich über die Landschaft gleiten.

Ich finde, dass das ‚Klarinettenkonzert‘ die perfekte „Filmmusik“ für dieses Bild hergibt. Im dem wunderbaren Film „Jenseits von Afrika“ erklingt u. a. auch dieses Stück, wenn der Hauptdarsteller über die Weiten Afrikas fliegt …

11. Schlusswort

Um nochmal das Rätsel aus der Einleitung aufzugreifen: Welches waren denn nun die klassischen Musikstücke, die mit den Golden Voyager Records in den Weltraum geschossen wurden?

Nun, es waren:

- der 5. Satz aus dem Streichquartett von Beethoven
  (s. Kammermusik)

- der 1. Satz aus dem Brandenburgischen Konzert Nr. 2 von Bach
  (s. Liste „heitere und beschwingte Musik")

- die Gavotte aus der Partita Nr. 3 für Violine von Bach (nun ja, da hätte ich jetzt die Chaconne aus der Partita Nr. 2 bevorzugt ...)

- die Aria der Königin der Nacht aus der Oper „Die Zauberflöte" von Mozart (s. Opernarien)

- der erste Satz aus der 5. Sinfonie von Beethoven

- Präludium und Fuge C-Dur Nr. 1 aus dem Wohltemperierten Klavier II von Bach

Also, wenn noch einmal die Möglichkeit bestehen sollte, außerirdischen Lebensformen die schönsten klassischen Musikstücke zu übermitteln: Voilà, hier wäre sozusagen als krönender Abschluss mein Vorschlag für die NASA:

Playlist 16: Top Ten „Voyager“	
Nr.	Titel	Werkverzeichnis
1	Bach: Konzert für 2 Violinen, 2. Satz	BWV 1043
2	Bellini: Arie Casta diva aus der Oper Norma	
3	Beethoven: Klavierkonzert Nr. 2, 2. Satz	Op. 73
4	Chopin: Klavierkonzert Nr. 2, 2. Satz	Op. 21
5	Mozart: Klarinettenkonzert, 2. Satz	KV 622
6	Mozart: 2. Satz aus Sonate für Violine und Klavier, Tempo di Menuetto	KV 304
7	Schubert: Forellenquintett, 2. Satz	D667
8	Mendelssohn: Ein Sommernachtstraum, Ouvertüre	Op. 21
9	Albinoni: Adagio	
10	Bach: Chaconne aus der Partita für Violine Nr. 2	BWV 1004

Früher hätte man das – vielleicht etwas unspektakulärer – als die Auswahl bezeichnet, die man mit auf eine einsame Insel nehmen würde. Mittlerweile hat sich dies alleine schon deshalb überholt, weil es sich eher auf die Frage reduzieren würde, ob man ein Mobiltelefon nebst Ladegerät und Empfang auf der Insel hat, weil man dann ja quasi die gesamte Musik der Weltgeschichte im Gepäck hätte ...

Nein, in der heutigen Zeit ist das Problem viel mehr ein anderes: Aus dem schier unbegrenzten Angebot, sich sozusagen jederzeit und überall wirklich alles anhören zu können, genau das zu selektieren, was einem gefällt.

Auf die ersten Stücke will ich weniger eingehen, da ich sie in den vorangegangenen Kapiteln bereits vorgestellt habe. Es sind samt und sonders Perlen der Musikgeschichte, die sich sowieso nicht durch Beschreibungen erschließen. Das gilt natürlich auch für die zuvor vorgestellte Musik: Ob man eine Beziehung dazu hat oder aufbauen kann, muss man spüren. Allen anderen kann man nur schwerlich erklären, was den Reiz dieser Musik ausmacht.

Aber doch noch ein paar Takte (welch ein Wortspiel!) zu den „Neueinsteigern" in dieser Liste:

Der zweite Satz aus dem ‚Klarinettenkonzert' ist bereits im Kapitel zur Entspannung mit klassischer Musik aufgetaucht, eines der letzten vollendeten Werke Mozarts und geschrieben für seinen Freund, den Klarinettisten Anton Stadler. Heute ist es DAS Stück für Klarinette überhaupt und wurde unzählige Male in Film und Fernsehen verwendet. Der berühmte zweite Satz wird – typisch für die geniale Musik Mozarts – getragen von einem schlichten 8-taktigen Thema mit einer überragenden Intensität und Ausdrucksstärke. Es ist müßig, sich über die Schönheit dieser wirklich vollkommenen Musik auszulassen: einfach (zu)hören und genießen!

Die ‚2-sätzige Sonate für Violine und Klavier' von Mozart in e-moll entstand im Sommer 1778 in Paris. Das sehr innige, aber melancholische Thema wird zunächst ganz schlicht vom Klavier vorgetragen und dann von der Violine übernommen. Nach einem schwebend wirkenden Mittelteil in Dur folgt die Wiederaufnahme des Menuetts, diesmal aber leidenschaftlicher ausgeprägt als zu Beginn. Kein Wunder für mich, dass der deutsch-amerikanische Musikkritiker Alfred Einstein von dieser Sonate als eines der Wunder unter Mozarts Werken spricht …

Das ‚Forellenquintett' von Schubert hätte natürlich auch schon in den Top Ten der Kammermusik seinen Platz verdient gehabt … der Name rührt übrigens daher, dass in einem der fünf Sätze die Melodie aus dem Lied „Die Forelle" aufgegriffen wird. Schubert komponierte das Quintett im Sommer 1819, und man hört unmittelbar den Unterschied zu den vielen großartigen Werken, die er in seinen letzten Jahren vor seinem Tod geschrieben hat, die oft so etwas wie eine düstere Vorahnung in sich tragen. Der Grundton des Stückes trägt einem regelrecht eine sonnige Stimmung ins Herz. Der damals 22-jährige Komponist Franz Schubert, der die Sommermonate mit einem Freund im oberösterreichischen Steyr verbrachte, muss einfach glücklich gewesen sein …

In den vier Strophen des Gedichtes geht es um eine muntere Forelle im klaren Bach, die ein Angler fangen will. Es gelingt ihm aber nicht, weil der Fisch in dem Bach hin und her schießt und zu geschickt ist. Der Ort der Entstehung dieses Gedichtes kommt allerdings alles andere als sommerlich daher, und zwar verbüßte der Dichter Schubart (nicht: Schubert) eine 12-jährige Kerkerstrafe in der Festung Hohenasperg, weil er angeblich die absolutistische Herrschaft im Deutschland des 18. Jahrhunderts angeprangert hatte.

Die Ouvertüre zum ‚Sommernachtstraum' komponierte Mendelssohn im Alter von nur 17 Jahren, und wiederum 17 Jahre später ergänzte er die Ouvertüre zur vollständigen musikalischen „Vertonung" der gleichnamigen Verwechslungskomödie von Shakespeare; darunter auch der weltberühmte ‚Hochzeitsmarsch'. Die zauberhafte Welt des Elfenkönigs Oberon, der Feenkönigin Titania, Puck und all die anderen geheimnisvollen Märchenwesen übten auf Mendelssohn schon als Kind eine große Anziehungskraft aus. Man spürt regelrecht die Unbeschwertheit und den flirrenden Schimmer der Märchenwelt in dieser Ouvertüre …

Tomaso Albinoni (1671–1751) ist den meisten – wenn überhaupt – wegen seines berühmten Adagios bekannt, was eigentlich in keiner Klassiksammlung fehlen darf. Er war als Komponist eigentlich ein Quereinsteiger – ursprünglich war er Hersteller von Spielkarten im Unternehmen seines Vaters und bezeichnete sich selbst als „Dilettanten" (damit war zur damaligen Zeit allerdings eher gemeint, dass er die Musik um ihrer selbst willen ausübte und nicht zum Lebensunterhalt). Außerdem ist unklar, wie viel Albinoni überhaupt in dem Stück steckt, welches 1958 unter dem Namen des italienischen Musikforschers Remo Giazotto erschien, der 1945 die erste Biografie über Albinoni verfasst hatte. However: Das herrlich ruhige, getragene Stück für Orgel, Solovioline und Streicher ist einfach ein Klassiker!

Die ‚Chaconne' von Bach ist ein monumentaler Satz aus der zweiten Partita (den Begriff Partita hatten wir schon im Kapitel Klaviermusik, es bedeutet ungefähr soviel wie Suite oder Sonate) für Violine, welcher den Zuhörer sprachlos macht. In dieser Musik herrscht so etwas wie Stille, aus der absolute Harmonien entstehen, gleichzeitig wird man regelrecht durchgeschüttelt, fast 18 Minuten lang. Johannes Brahms sagte darüber: „Die Chaconne ist mir eines der wunderbarsten, unbegreiflichsten Musikstücke. Auf ein System für ein kleines Instrument schreibt der Mann eine ganze Welt von tiefsten Gedanken und gewaltigsten Empfindungen. Hätte ich das Stück machen, empfangen können, ich weiß sicher, die übergroße Aufregung und Erschütterung hätten mich verrückt gemacht." Es gibt Experten, die dieses Stück für einen musikalischen Grabstein für seine verstorbene Frau halten, so eine Art „Taj Mahal der Musik". Ok, jetzt beginnt es vielleicht mit mir durchzugehen, aber meine Begeisterung für dieses Stück kennt keine Grenzen …

So, nach nunmehr fast 200 Stücken aus der klassischen Musik wird es Zeit für eine Bilanz (und natürlich auch zum Schluss zu kommen): Mir selbst ist aufgefallen, dass sehr oft die Rede ist von Tod, Krankheit oder zumindest schwierigen Lebensumständen (einige Komponisten starben sehr früh wie Schubert oder Mozart, litten an Schwindsucht wie Chopin oder an Syphilis wie Schubert, wurden zunehmend taub wie Beethoven). Offensichtlich scheint es eine Korrelation zwischen schwierigen Lebensphasen und dem Entstehen großartiger Musik zu geben. Es lag gar nicht in meiner Absicht, dies herauszukehren, aber es fällt mir in der Rückschau eben auf (wie vielleicht auch dem bzw. der geneigten Leser*in). Aber die Wirkung dieser Musik verbindet man – hoffentlich – mit positiven Empfindungen, wie Freude, dem Glück zur inneren Ruhe zu kommen oder sogar den medizinischen Wirkungen, die ich in Kapitel 11 beschrieben habe.

Mein Wunsch und gleichzeitig meine Hoffnung ist, dass ich mit diesem Buch etwas von der Begeisterung übertragen kann, die ich für klassische Musik empfinde. Über Geschmack lässt sich bekanntlich streiten, aber ich denke, dass sich in den Listen wirklich großartige Beispiele der klassischen Musik aus ca. drei Jahrhunderten befinden. Und noch schöner wäre, wenn meine Begeisterung den Leser*innen einen Impuls gibt, sich mehr mit klassischer Musik zu beschäftigen. Ob es die Klavierkonzerte von Beethoven, die Opern von Verdi oder die Klavierwerke von Bach sind: Ich bin der festen Ansicht, dass (klassische) Musik, die wir gerne hören, uns Motivation und innere Ruhe schenken kann oder kurz gesagt – frei nach Hesse – „hilft zu leben".

Musik ist wie Atmen, Essen und Trinken

ein Grundbedürfnis des Lebens!

* Ende *

Anhang

PL Nr.	Playlist-Titel	Youtube-Link	QR-Code
1	Klaviermusik von Bach und Zeitgenossen	https://t1p.de/oa8m	
2	Klaviermusik von Mozart und Beethoven	https://t1p.de/ch2n	
3	Klaviermusik von Schubert und Schumann	https://t1p.de/lvw5	
4	Klaviermusik von Chopin	https://t1p.de/d8b8	
5	Klaviermusik der Romantik: Brahms, Grieg u. a.	https://t1p.de/42p7	
6	Klaviermusik aus Russland	https://t1p.de/ddbx	
7	Klaviermusik aus Frankreich	https://t1p.de/1tck	
8	Transkriptionen für Klavier	https://t1p.de/k3fb	
9	Werke für Klavier und Orchester	https://t1p.de/nhis	

10	Werke für Violine und Orchester	https://t1p.de/bji4	
11	Kammermusik	https://t1p.de/ew54	
12	Sinfonische Musik	https://t1p.de/3pee	
13	Opernarien	https://t1p.de/xkmh	
14	Geistliche Musik	https://t1p.de/s3gz	
15 A	Musik nach Stimmungslage: heiter	https://t1p.de/hpit	
15 B	Musik nach Stimmungslage: ruhig und fließend	https://t1p.de/jq20	
15 C	Musik nach Stimmungslage: traurig	https://t1p.de/5cjb	
15 D	Musik nach Stimmungslage: dramatisch	https://t1p.de/hsok	
16	Top Ten "Voyager"	https://t1p.de/zqu7	

Anmerkungen

<u>Kap.1</u>

Daniel Hope: Wann darf ich klatschen, Rowohlt Verlag

<u>Kap. 2</u>

S. 6.: Das Zitat wird teilweise Frank Zappa zugeschrieben, teilweise auch Elvis Costello, s. u. https://www.rollingstone.de/zitat-writing-about-music-elvis-costello-steve-martin-frank-zappa-1752689/

Inhalt der Golden Record nachzulesen unter: https://voyager.jpl.nasa.gov/golden-record/whats-on-the-record/music/

<u>Kap. 3</u>

<u>Playlist A1</u>: Bach? Meer sollte er heißen v. Alard von Kittlitz, Zeit online 14, 28. März 2018

Beethoven Zitat über das Wohltemperierte Klavier: https://de.wikipedia.org/wiki/Das_Wohltemperierte_Klavier

Zum Lebenslauf von G. F. Händel vergl.: https://de.wikipedia.org/wiki/Georg_Friedrich_H%C3%A4ndel

Zitat zu den Sonaten Scarlattis: https://www.deutschlandfunk.de/domenico-scarlattis-sonaten-mit-verve-und.727.de.html?dram:article_id=317451

Zum Leben von Couperin vergl.: https://www.deutschlandfunk.de/vor-350-jahren-geboren-francois-couperin-der-begruender-der.871.de.html?dram:article_id=432813

<u>Playlist A2:</u> Zitat zum Rondo: https://www.mozart-w-a.de/content1/musikarchiv/kv-500-599/kv-511

Zur Klaviersonate a-moll Zitat: https://www.br-klassik.de/themen/klassik-entdecken/das-starke-stueck-mozart-klaviersonate-a-moll-kv-310-102.html

Zitat zum Fürsten Lichnowsky: https://www.beethoven.de/de/g/Selbstbild

Beschreibung von Beethoven Lebensstil aus: https://www.dw.com/de/10-dinge-die-sie-%C3%BCber-beethoven-wissen-sollten/a-18685203

Zitate siehe: https://paz.de/artikel/der-empfindsame-klassik-titan-a234.html https://www.br.de/mediathek/podcast/radiowissen/beethovens-sonaten-das-neue-testament-der-klaviermusik/1502301

Zitat zu den Kinderszenen:
https://www.schumann-portal.de/robert-schumann-kinderszenen-op-15.html

Zitat zur Humoreske:
https://www.schumann-portal.de/op-20.html

<u>Playlist A4:</u> Zitat zur Etüde op. 25,1:
https://de.wikisource.org/wiki/Gesammelte_Schriften_%C3%BCber_Musik_und_Musiker/Museum

Zitat zum Mallorca Aufenthalt von Chopin:
http://www.radioswissclassic.ch/de/musikdatenbank/musiker/219441fb9b4f381fa0d20e3d753570303bf37/biography

<u>Playlist A5</u>: Zitat zu Sibelius:
https://www.breitkopf.com/work/9365/piano-pieces

<u>Playlist A7</u>: Zitat zu Debussy:
https://www.fnp.de/kultur/faun-floete-traeumen-10528616.html

Zitat zu Ravels Jeux d'eau:
http://www.michael-nuber.de/programme/10.2.2019.pdf

Zitat zu Satie:
https://www.br-klassik.de/themen/klassik-entdecken/was-heute-geschah-erik-satie-wird-geboren-100.html

<u>Kap. 4</u>

Zitat von Schostakowitsch:
https://www.deutschlandfunk.de/dmitri-schostakowitschs-klavierkonzerte-musik-zirkus-mit.727.de.html?dram:article_id=332624

Zitat über Vivaldi zu lesen im Artikel „Schallplatten", zeit online, 7.7.1989

Geschichte über verschwundene Stradivari:
https://www.welt.de/kultur/musik/article12283179/Gern-geklaut-oft-verschwunden-Stradivaris-Geigen.html

<u>Kap. 5</u>

Zitat zu Schumanns Klaviertrio Nr. 2:
https://www.kammermusikfuehrer.de/werke/1637

Zitat zu Beethovens Streichquartett:
https://de.wikipedia.org/wiki/13._Streichquartett_(Beethoven)

Zitat zu Dvořáks Kammermusik:
http://kammermusikkammer.blogspot.com/2018/06/antonin-Dvořák-die-kammer-musik.html

<u>Kap. 6</u>

Zitat zu Mahlers Adagietto:
https://www.srf.ch/kultur/musik/weltklasse-sommerkonzerte/adagietto-gustav-mahlers-langsame-erfolgsgeschichte

Zitat zu Dvořáks 9. Sinfonie:
https://www.deutschlandfunk.de/vor-125-jahren-in-new-york-urauffuehrung-von-antonin.871.de.html?dram:article_id=436046

Zitat zu Beethovens Pastorale:
https://de.wikipedia.org/wiki/6._Sinfonie_(Beethoven)

Zitat zu Beethovens Pastorale:
https://de.wikipedia.org/wiki/6._Sinfonie_(Beethoven)

Kap. 8
Zitat von Berlioz:
https://de.wikipedia.org/wiki/Ave_verum_corpus_(Mozart)

Zitat von Fauré:
http://www.musicanera.de/weiter-informationen/einfuehrung-zum-requiem-von-gabriel-faure

Zitat von Brahms zu seinem Requiem:
https://www.deutschlandfunkkultur.de/brahms-requiem-vor-150-jahren-trauermu-sik-als-seligpreisung.932.de.html?dram:article_id=441307

Beitrag zur Matthäus-Passion angelehnt an:
https://magazin.klassik.com/meisterwerke/template.cfm?MID=9&Seite=1&Start=1

Kap. 9
Zitat zu Mozarts Flötenkonzert:
https://www.theaterheidelberg.de/?events=1-philharmonisches-konzert-20-09-2017-2000

Zitat zu Brahms 3. Sinfonie:
https://www.swr.de/swr2/musik-klassik/musikstueck-der-woche/article-swr-14026.html

Zitat von Haydn über Mozart:
https://www.kammermusikfuehrer.de/werke/1278

Anmerkungen über das traurigste Musikstück der Welt:
https://www.swr.de/swr2/musik-klassik/musikstueck-der-woche/article-swr-16302.html

Zitat von Alfred Einstein zu Mozarts Jeunehomme-Konzert:
https://www.tonkuenstler.at/de/contents/opus/konzert-fur-klavier-und-orchester-es-dur-kv-271-jeunehomme

Anmerkungen zu Ravels Bolero:
https://www.br-klassik.de/themen/klassik-entdecken/ravel-bolero-urauffuehrung-was-heute-geschah-1928-100.html

Anmerkungen zu Dvořáks 9. Symphonie:
https://www.tonkuenstler.at/de/tickets/opus/symphonie-nr-9-e-moll-op-95-aus-der-neuen-welt

Anmerkungen zu Tschaikowskis 6. Symphonie:
https://www.concerti.de/werk-der-woche/Tschaikowski-sinfonie-nr-6-pathetique/

Anregungen und weiterführende Gedanken zu Kapitel 10 und Einstieg in die Meditation s. u.: Maren Schneider: Crashkurs Meditation, GU Verlag

Kap. 11

Vergl. auch :
https://verlag.zeit.de/content/uploads/2018/05/DIE-ZEIT-So-entspannen-Sie-richtig.pdf

Studie Singapore:
https://www.welt.de/print/wams/wissen/article153708692/Die-heilende-Wirkung-von-Musik.html

Zur Musik in der Palliativmedizin vergl.:
http://www.musikamant.at/b3/Musik_Paliativ.PDF
insbes. auch erschienen unter:
Bernatzky/Hesse: „Musik in der Palliativmedizin", erschienen im Buch: „Palliativmedizin – Lehrbuch für Ärzte, Psychosoziale Berufe und Pflegepersonen", Kap. 3.25, S. 141–145, UNI-MED Verlag AG, Bremen-London-Boston, ISBN: 978-3-8374-1139-3, 1. Aufl. 2009

Anmerkungen zu C. G. Jung angelehnt an:
https://www.therapeutenfinder.com/news/100559-die-heilkraft-der-klassischen-musik.html

Anmerkungen zu Helen Bonny s. a.:
Helen L. Bonny: Music Consciousness: The Evolution of Guided Imagery and Music. Barcelona Publishers, Gilsum 2002

Kap. 12

Anmerkungen zu Schuberts Forellenquintett:
https://www.srf.ch/kultur/musik/schuberts-forellenquintett-die-finstere-wahrheit-hinter-dem-froehlichen-klassik-hit

Zitat von Brahms zur Chaconne von Bach:
https://www.br-klassik.de/themen/klassik-entdecken/starke-stuecke-bach-chaconne-100.html

Anmerkungen zu Tschaikowskis 6. Symphonie:
https://www.concerti.de/werk-der-woche/Tschaikowski-sinfonie-nr-6-pathetique/

Kap. Tempo- und Ausführungsbezeichungen s. a. unter:
https://de.wikipedia.org/wiki/Liste_musikalischer_Vortragsbezeichnungen

<u>Tempo und Ausführungsbezeichnungen</u>

Die Tempobezeichnungen geben in der Musik an, wie schnell ein Stück zu spielen ist. Seit dem 17. Jh. bis heute sind dabei die italienischsprachigen Ausdrucksbezeichnungen der Standard, ab dem 19. Jh. setzten schon Beethoven, dann Schubert und vor allem Schumann und Brahms in Deutschland neben den italienischen auch deutsche Bezeichnungen ein.

Im Tempomaß von langsam zu schnell die wichtigsten Tempi:

Largo – breit

Lento – langsam

Adagio – ruhig

Andante – gehend

Moderato – mäßig

Allegro – schnell

Vivace – lebhaft

Presto – sehr schnell

Zur genaueren Ausführung des Vortrags sind folgende u. a. Erweiterungen üblich:

Assai – ziemlich

Con espressione - mit Ausdruck

Cantabile – singend

Espressivo – ausdrucksvoll

Lugubre – traurig

Maestoso – majestätisch

Moderato – gemäßigt

Sostenuto - getragen, zurückhaltend

Poco – wenig

Più – mehr

<u>Bildnachweise</u>

Die in diesem Buch verwendeten Portraits der Komponisten sind gemeinfrei gemäß Angaben bei Wikicommons.

<u>Ausnahmen:</u>

Edvard Grieg (Seite 47)
Urheber: Jbarta
Die Bilddatei wurde unverändert übernommen und
darf unter Wikicommons Lizenz CC BY-SA 3.0 verwendet werden.

Dmitri Dmitrijewitsch Schostakowitsch (Seite 68)
Urheber: Roger und Renate Rösling
Bilddatei unverändert und zur Verwendung freigegeben
unter Wikicommons Lizenz CC BY-SA 3.0.

Arvo Pärt (Seite 102)
Urheber: Woesinger
Bilddatei unverändert und zur Verwendung freigegeben
unter Wikicommons Lizenz CC BY-SA 2.0

Samuel Barber (Seite 113)
Urheber: Carl van Vechten (*1880 †1964)
Gemäß Library of Congress ist das Bild gemeinfrei, da die Beschränkungen 1986 abgelaufen sind. Das Bild wurde wunschgemäß unverändert übernommen.

Literaturverzeichnis

Arthur Rubinstein: Mein glückliches Leben,

Fischer Taschenbuch Verlag, ISBN 3-596-14154-0

Isabelle Frohne-Hagemann: Guided Imagery and Music – Konzepte und klinische Anwendungen (zeitpunkt musik) nach Dr. Helen Bonny GIM-Theory, ISBN 978-3895009792

Maren Schneider: Crashkurs Meditation, GU Verlag, ISBN 9783833823510

Daniel Hope: Wann darf ich klatschen, Rowohlt Verlag, ISBN 978-3498006655

Julian Barnes: Der Lärm der Zeit, Kiepenheuer und Witsch Verlag, Köln 2017, ISBN 978-3-462-04888-9

Clemency Burton-Hill: Ein Jahr voller Wunder – klassische Musik für jeden Tag, Diogenes Verlag, ISBN 978-3-257-07089-7

Bernatzky/Hesse: Musik in der Palliativmedizin, erschienen im Buch: Palliativmedizin – Lehrbuch für Ärzte, Psychosoziale Berufe und Pflegepersonen, Kap. 3.25, S. 141–145, UNI-MED Verlag AG, Bremen-London-Boston, ISBN: 978-3-8374-1139-3, 1. Aufl. 2009